安田貴志 著
重松延寿 作画

# マンガでやさしくわかるマーケティング

Marketing

日本能率協会マネジメントセンター

# はじめに

皆さんが本書を手に取られた理由は何ですか？
「もっと商品が売れるようにしたい」「お客様に喜んでもらえるような商品やサービスを開発したい」「小売や営業の仕事をしているので、よりどころとなるマーケティングの考え方を身につけたい」といったような、仕事でマーケティングを活用したいという方が多くいらっしゃることでしょう。
「社会人になる前にマーケティングについて知っておきたい」
「就職の時にマーケティングの話ができれば有利になるはず！」
「授業で学ぶマーケティングが難しすぎるので、まずは簡単な本で全体をつかんでおきたい」
「勉強ではなく、実践のためのマーケティングを」というようなニーズの方もいるかもしれません。
マーケティングは「仕事の効率を上げ、人生のクオリティを高めるツール」です。
さまざまなビジネスや商売において、マーケティングの知識を活かすことができれば、仕事の質が上がり、効率もアップします。もちろん、売り上げアップ、利益アップ、そして給料アップ、収入アップにつながります。情報格差により二極化が進むといわれている現代社会において、欠かせないツールといえるでしょう。

企画、営業、販売関係の方は当然として、事務系の仕事であっても、仕事の進め方から、プレゼンテーション、日常のコミュニケーションまで、さまざまな場面でマーケティングの知識は有効です。また職人系の仕事に従事する方であっても、マーケティングを知っていれば、自分の腕や作品の評価を高めたり、喜んで買ってもらったりすることができるはずです。

本書は、「マンガでやさしくわかる」というコンセプトのもと、「マーケティング」のことがよくわかり、実践で使えるようになるために書かれています。なるべく多くの方がイメージしやすいように、舞台は地方都市にある老舗の饅頭屋さんとなっています。テレビドラマなどにも出てきそうなありふれたお店、そこを守る夫婦、都会での生活に少し疲れた主人公……。そこに2人の珍客が訪れて物語がスタートします。マンガによってマーケティングの現場を疑似体験し、解説によってマーケティングの知識が身につくように構成されているのです。

本書では、自分で商売をされている方から、会社でマーケティングの仕事に携わる方、そして、「仕事の効率を上げ、人生のクオリティを高めたい」と思われる方々のために、ビジネスからプライベートまで応用できるような考え方やキーワードに厳選しまとめています。それらについて、マンガと解説を併せて読むことでより理解しやすく、記憶に残り、身につくようになっています。

この本をきっかけに、「仕事の効率が上がり、人生のクオリティが高まった」と感じていただければ幸いです。

2014年2月

安田貴志

マンガでやさしくわかるマーケティング　目次



# Part 1 マーケティングって何だろう？

# Part 2

## 即効性のマーケティングを使うメリット・デメリット

Part 3

# 商品を買う人を理解する

# Part 4

# 自社と競合の関係を整理する

## Part 5

# そもそも誰に売るのかを考える



## Part 6

# 4Pを決める

# Part 7

# お客様との長期的な関係作り

# Part 1

# マーケティングって何だろう?

僕は欲しいものはすべて手に入れてきた!
ばっかじゃないの! そんなアホな理由で結婚すると思った?
そういう人を見下したところが昔っから大っ嫌いなのよ! お断りよ!

うおお
お前は…
クビだああ
あああッ！
突然現れたのは
貧乏神？
救世主？
Story 1
いやぁぁぁぁぁぁ
今思えばそれが
私の不幸の
始まりでした

ああっ…
私…貧乏神にでもとりつかれてるんだわ…
最近何やっても上手《うま》くいかないし…
だ、大丈夫だってまりも！ほら　最近うちの会社経営不振じゃない？
部長も上からハッパかけられてていら立ってるんだよ
なんでだめだったのかなあの企画…
売れの要素を全部入れたのに
部長だって本気でクビになんて思ってないわよし　今日は飲みにいこ！
いい。やっぱりイケメンの彼になぐさめてもらう
あ…あんた友達なくすよ

え…？
い 今 なんて…？
だからさ…
俺達もう 終わりにしよう
なっ… なんでっ…

なんで？ 私…
何かいけない
ことした？
今日だって
ケンちゃんの
好きなもの
作ったんだよ！
ケンちゃんの
ためにこんなに
してるのに…！
はっきり
いって！
それが
ウザいんだよ！
お前は俺が喜ぶと
思って なんでもやって
くれてるつもり
なんだろうけど…！
おしつけがましい
だけなんだよ！

ピンポーン
ピンポーン
まりも…？　あれ
…カギ開いてる？
いるのー？
入るよ？
もう…昨日から
電話しても出ないし
一体何やって…
いいいいい
やあああ！
まりもおおお
おおおッ…！
まりも死亡
ま　まりも
何があったの？
まりもおおお…っ
あれ…えりこ…
もういいの
私はほっといて
これ以上抗わず
このまま貧乏神が
通り過ぎるのを
じっと待つつもり
だから…

もう…まりもはお正月だって実家に帰らなかったんだから
いい機会よ
久しぶりに実家でゆっくりしてきなよ
ゴトンッ…
ガタンッ…
部長には私からもよく説明しておくから
ゴトンッ…
ガタンッ…
駅
おかえり
…まりも
お母さん…

御菓子 たまや
まりもちょっと痩せたんじゃない？
そう？そんなことないよ
大丈夫？ちゃんと食べてるの？
やっぱり帰ってきてよかったな…ほっとする…
あ…あの本屋さんマンガ喫茶になってる
やっぱ最後に頼れるのは家族だけ…か
貧乏神だって
まさか北海道までは来られなかったにちがいないわ
御菓子 たまや

ただいまー
御菓子 たまや
私の実家は
明治から120年
続く老舗の饅頭屋
中でも「まりも饅頭」は
創業以来の商品で
これを買い求めてくれる
常連さんも多い
…おう

もう…お父さんたら久しぶりに娘が戻ってきたのに…
ご飯は？
飛行機で食べてきちゃった
じゃお風呂入りなさい
はあ…久しぶりの私の家…昔のままの私の部屋…
やっぱり有給とって帰ってきてよかったかも…
明日から久しぶりに親孝行でもするか…
あいつにする？
うーんどうかなあ…
ちょうど幸薄そうだぞ？
もすこし見ようぜ

チュン
チュン
おはよー お母さん お店手伝うわ
そう？ じゃあ店番 お願い
よおーっし！
はりきって 店の手伝い するぞ～！
……
ちょっと待って…
もう 3時よ？
朝から 全然お客様 来ないじゃない！ どうなってるの？

お父さん！
バン！
うるせえ！
常連さんは今だって
ちゃんと来てくれてる
十分じゃねえか
まだ来て
くれてるって
いつからこうなの？
こんな状態で
お店やって
いけるの？
実は…
今年に入ってから
ずっとこうなのよ
待って…
ちょっと待って…！
北海道まで来れば
逃げ切れると
思っていたのに…！
もしかして私はまだ
貧乏神の呪縛から
逃れられていなかったの？
ブロロ…
キッ

ガラ
ガラ
お客様だわ！
やあ
こんにちは
あなたは…！
キザったらしくて自信過剰で
ごめんなさい…
なっ…！
何かの間違いだ!!
学生時代に私に何度も告白して断られ続けた木座ナルオ！
久しぶりだね
まりもくん
君が帰ってきてると聞いてやってきたよ

またしばらく見ないうちにさらに寂れたもんだね
お客様なんて全然入っていないじゃないか
120年も続いた伝統の店も…
この分だと近々のれんをおろさなきゃならなくなるだろうね
ほっといて…何か用なの?
単刀直入に言おう
僕がこの店を助けてやってもいい
その代わり君は僕と結婚しろ
はあ!? あんた何言ってんの?

知っているだろうが僕の家は北海道全土で展開する大菓子メーカーだ
この店の窮地を救うことくらいわけない このことは君の両親にも説明済みだ
実は… 数ヶ月前から木座製菓さんから
吸収合併のお話をいただいているの
つまりウチは木座製菓さんの子会社になってお店の再興にも力を貸してくれると
け！ お断りだってんだ うちは大手メーカーと違う顧客がついてんだよ！
ただそれにはひとつ条件がある 君が僕と結婚することだ
だからなんでそうなるのよ！
きみは僕をふった！ 僕が初めてつきあってやってもいいと思った女性なのに…
あれ以来「あの人ふられたのよ」と陰で噂されているはずだ この苦しみわかるまい！

僕は欲しいものはすべて手に入れてきた！
ばっかじゃないの！そんなアホな理由で結婚すると思った？
そういう人を見下したところが昔っから大っ嫌いなのよ！お断りよ！
なっ…こ 断るだと？
そ、そんな選択権が今の君にあるとでも思っているのかっ!?
ええお断りよ！何が店を救う代わりに結婚しろよ
はっきりいってあんたと結婚するくらいなら
不幸続きでも今のほうがマシよ！

なっ……!
くっ… ま まあいい どうせこのままではこの店はつぶれるだけなのだからな
そのうち君の方からお願いすることになるさ
その時はそうだな… 三つ指ついて土下座しつつ「私と結婚してください お願いします」とでも言ってもらおうか
誰がするか!
とっとと帰れ勘違い野郎!
おい 塩持って来い

何なの…！
一体何なのよ！
ばかやろう
お前はとっとと東京帰って自分の仕事の心配してろ
お父さんもああ言ってるけどお母さんも同じよ
まりもの結婚と引き換えになんて……あなたは何も気にしなくていいのよ
私絶対のろわれてるわ…
お払いしてもらったほうがいいのかな…
次から次へと不幸続き…こんなのってありえないわ…
……
はあ…あ

やっぱり
とびっきり
不幸そうだぞ…
そうだな
やはり
アレにするか
そこかあ
あああッ!!

エモォォオオ!!
ガッ
ぐはっ!
とうとう見つけたわ貧乏神い！やっぱりあんたね！あんたのせいで私は不幸になっていたのね！
北海道くんだりまでよくぞ追ってきたものね！
大丈夫か！エモォ！
今すぐひっつかまえてお払いしてもらうんだから！覚悟しなさい〜！
わああちがうちがう誤解だああ！
ぎゃあああ

僕はロジー
僕はエモー！
僕達は天上界のひとつ「マーケティング界」から使わされた伝道師なのです
マーケティング界い？
伝道師い？何それ
はい、僕達はわけあって天上界から落とされてきました

元に戻るためにはマーケティングの力で誰かひとりの人生を救うしかないのです
ここ数日僕達を必要としていそうな人間を探していました
あなた! とびっきり不幸そうなあなたこそ僕らの目的にぴったりです!!
よ…余計なお世話よ!
大体私はまだ正体疑ってるんだからね!
そもそも会ったばかりのあんた達に何がわかるっていうのよ!
知っていますよ傾きかけた実家を救うためにいやな相手と結婚させられそうになっているんでしょう
見てたの?
会社では仕事に失敗し実家の饅頭屋は傾きかけている
さらに最近彼氏にふられた
そ、それは関係ないでしょ!
いや…そうとも限らないちょっとテストしましょうか

タオルあるかな？
これでいいの？
ぼくらはここに来るまでほこりだらけの道を歩いてきたんだ
顔を拭きたいんだそのタオルをおくれよ
タオルはそれひとつしかない
どちらが本当にタオルを欲しがっているかわかるかい？
……

あなたでしょう
どうしてそう思った？
だって顔が汚れているもの
果たしてそうかな？
え？どういうこと？
僕らはお互いほこりっぽい道を歩いてきて
自分達が今どんな顔になってるか知らないんだよ
僕はロジーのきれいな顔を見て
きっと自分も汚れていないだろうと思う
僕はエモーの汚れた顔を見て
自分もこんな汚れているのかと思う
つまり現時点でそのタオルを欲しいと思うのは
僕だ はずれたね

…！
そうか…！
今君は 見た目や自分の
思い込みだけで
売るべき相手を判断した
でも相手がどう感じているか
何を欲しいと思考しているかを
まったく考えていなかったね
これはすべてに
おいてそうだ
仕事もそう
彼氏だってそうだ
君はしてあげているつもりかもしれないけど
相手はそれを嫌がっているかもしれないと
考えなかったんじゃないか？
えっ…

んで？私…がいけないとした？
てゃんのものんだよ！
ケンちゃんのためにこんなにしてるのに…！
っきりって！
それがウザいんだよ！
お前は俺が喜思ってなんでもやってくれてるつもりなんだろうけど…！
おしつけがましいだけなんだよ！
だ、大丈夫だ
最近何やっても上手《うま》くいかないし…
なんでだめだったのかなあの企画…
部長だって本気でクビになんて思ってな
売れの要素を全部入れたのに

相手の思考を考え、どう感じるだろうかと想像していくこと
それがマーケティングの考え方なんだ
さっきの話だけど…要は実家の饅頭屋の業績が戻れば何の問題もないわけだよね
え…? ま まあ… そうね
僕らが助けてあげるよ!
君を助ければ僕らも天上界に帰れる! お互いの利害が一致したね!
…突然現れた2人の伝道師
マーケティングの力で私を救ってくれるっていうけど…本当にこんな子達信用していいの?
たきや

# 01

# マーケティングのための「ロジック」と「エモーション」

35頁のエモーとロジーからの問いかけに対して、あなたはどのように考えましたか。顔が汚れているエモーと顔がきれいなロジー。その2人からの説明内容をどのように受け取ったでしょうか。

まりものように「顔が汚れているエモー」を選びましたか？　それともエモー達が話したように「顔がきれいなロジー」を選んだのでしょうか。

セミナーの場などでよく、これと同じ内容の質問をしているのですが、面白いことに、それぞれの職業によって回答に違いが生じます。マーケティング関係の仕事に就いている人、営業、経営に近い人など、元々マーケティングのマインドが高そうな人は顔がきれいなロジーを、開発や事務系の仕事で、それまであまりマーケティングに関わることがなかったような人は顔の汚れたエモーを選ぶ傾向がやや高くなるようです。

セミナーでは、お客様（相手）の気持ちを考えるという体験をしてもらうために、この質問を使います。そして、どちらかを選んでもらった後に、続けて「有料であってもタオルを欲しがってもらうためには、どのように話しかければよいのか？」という質問を投げるようにしています。お客様（相手）が商品を欲しがるようなコミュニケーションを、自分の経験や知識から考えてもらうことで、実はマーケティングは身近にあるものであり、誰もが大なり小なり経験しているということを体感してもらうのです。

今回は、エモーとロジーの問いかけから始まっていますが、その後のまりもの回想シーンにあるように自分本位で企画を立ててしまった、良かれと思っているのは自分だけで空回りしたというようなコミュニケーションを、過去に皆さんも経験したことがあるのではないでしょうか。

**マーケティングは、人とのコミュニケーションの中で商品やサービスを提案し買って満足していただくためのツールであり手法です。**相手の気持ちを想像すること、知ろうとすることがとても大切になってきます。その一方で、人々を商品やサービスの購入に導くような戦略や戦術の決定、状況に応じた判断や先読みしての提案のためには物事を論理立てて考えることが必要になってきます。

**論理立てて考える「ロジック」と、人間の気持ちに働きかける「エモーション」の2つが合わさってこそマーケティングが大いに効果を発揮するのです。**Ｐａｒｔ１ではマーケティングを学ぶにあたって押さえておきたい基本を見ていきましょう。

# 02
# 状況によって呼び方が変化する「買い手」

マーケティングを理解するために、それに関わる「登場人物」を知らなければなりません。製造から販売、そして購入者までの、商品やサービスの移動を理解するためには、まず日常の買い物シーンを思い出してみてください。

マーケティングにおける「登場人物」、それを非常に単純化すると、まず出てくるのは商品の「売り手」と「買い手」でしょう。これをもう少し細かく見ると、複数の人物や法人が登場します。

メーカーが製品を製造し、それを卸売業や小売業が市場に流通させ、消費者が商品を購入します。最初のメーカーには製品を企画する担当者や開発する担当者、製造者などがいます。その製造された商品を買い手まで届ける小売には、販売商品をメーカーから調達するバイヤーや調達された商品を販売する販売員がいます。また、買い手に商品を知ってもらい興味を持ってもらうための広告担当者や広報担当者などさまざまな人物も関係してきます。

この小売りから商品を購入するのが、最終消費者となる買い手です。マーケティングの世界では、同じ買い手であっても、買い手を見る立場や買い手自身の状況に応じてさまざまな呼び方をすることがあります。**買い手の呼び方が変われば、買い手に対する考え方や対応が変わってくるからです。**

たとえば、漠然と「買い手」と呼ぶと、それまでに同じ商品の購入経験があるのかどうかは別にして、商品を買っている、商品を買うことが前提となっているイメージが生じます。いずれにしろ「商品を買う人」という印象が生まれます。

そこにマーケティングの工夫を加えようとしても、買うところにフォーカスしたプロモーション（販売促進策）に頭が向いてしまいそうです。その人達が実は商品のことを全く知らないのではないか、まずは興味を持ってもらうべきだ、理解してもらうべきだというようなことの必要性に気がつきにくくなるといった具合です。

そのようなリスクを避けるために、いくつかの百貨店や雑貨量販店などでは商品を販売するスペースのことを「売り場」ではなく「お買い場」と呼ぶようにすることで、商品を買う人の気持ちで接客し、サービスを向上させているケースもあります。

これら買い手の呼び方について、44頁で簡単にその呼び方と意味するものを整理しておきますので、必要に応じて確認するようにしてください。

## 買い手のさまざまな呼び方

| | |
|---|---|
| **顧客** | すでに購買経験、利用経験がある買い手のこと。 |
| **消費者** | 実際に対象となる商品やサービスを消費したことがあるか、これから消費する人々のこと。 |
| **お客様** | 商品やサービスの買い手全般。 |
| **潜在顧客** | 企業が行うマーケティング施策の対象地域に住んでいる人のうち、顧客になりうる人々のこと。 |
| **生活者** | 企業が行うマーケティング施策の対象地域に住んでいる人。顧客になる可能性がない人々も含む。 |

## 生活者と顧客と消費者

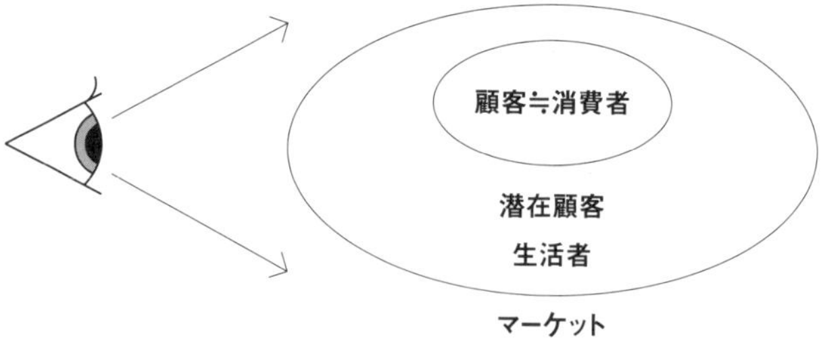

# 03

# マーケティングの「3つの視点」

買い手の状況に応じて買い手の呼び方が変わると説明しましたが、実は、その買い手を見る立場（視点）についても分けて考えることが必要となってきます。大きくは3つに分けられます。**第一の視点は売り手の立場、第二の視点として買い手の立場、そして第三の視点である観察者の立場です。**

たとえば、物語中のまりもと2人（エモーとロジー）のやりとり（35頁）では、タオルを誰に渡すのかを考えるまりもが商品を売る立場であり第一の視点となります。そして、2人からの説明に「そうか……」とつぶやいたまりも自身がエモーやロジーの気持ちになって考えている（37頁）のが第二の視点。そこから一歩退いて、ストーリーとしての3人のやりとりを読みながら、自分だったらどうしようと考えていた読者の皆さん自身のような客観的な立ち位置から考えるのが第三の視点となります。

皆さんが商品やサービスの売り方を考える時には、第一の視点である売り手、第二の視点である買い手という取引者の立場の他に、第三の視点である観察者の立場を意識することが大切です。ストーリーを読んだ時のように、商品を売ろうとしている自分と消費者側

## マーケティングの3つの視点

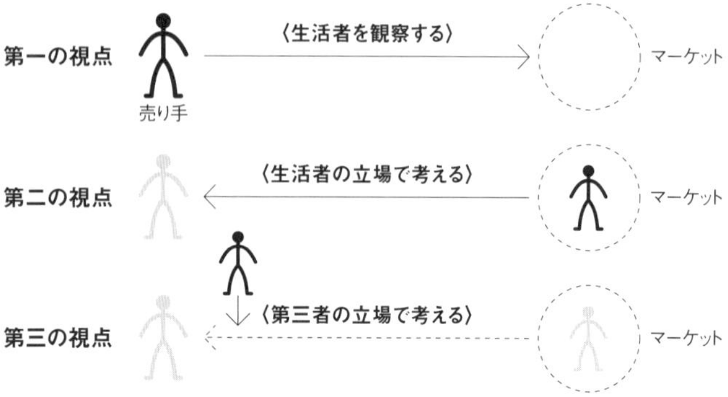
〈生活者を観察する〉
第一の視点
売り手
マーケット
〈生活者の立場で考える〉
第二の視点
マーケット
〈第三者の立場で考える〉
第三の視点
マーケット

## 知覚の3つの視点

| 視点 | 思考 | 得られるもの |
|---|---|---|
| 第一の視点 | 「自分自身の体内」に留まり、自分の耳でものを聴き、自分の目でものを見る。 | 自分自身の意見や選択について、有用な情報を得ることができる。「周囲の意見に同意する」だけでは、自己主張のない人間になり、自分の見解を他人に伝えることはできない。このポジションを活用できないと自分自身の欲求など他者には得られない重要な情報を得ることができない。 |
| 第二の視点 | 想像力を働かせて、他社の身体に入り込み、その耳を借りてものを聴き、その目を借りてものを見ることもできる。 | 自分の行動が他者にどういう影響を及ぼしているかについて、入手できる情報が増える。また、相手がどういうところから来た人なのかを感じ取ることもできる。 |
| 第三の視点 | さらに想像力の力を借りれば、自分の身体を抜け出し、自分からも他者からも離れた中立的な位置に立つこともできる。 | 自分と他者とのやり取りの体系について、貴重な情報を得ることができる。ここでは、そうそう簡単に葛藤や誤解に巻き込まれることはない。自分の関わる対人関係を観察し、どのポジションに立つよりも客観的に自分の行動の結果を調べることができる。 |

に立った時の自分の気持ち、その2人のやり取りを第三者の視点から客観的に見たらどう感じるのかを観察するのです。

第一の視点では、自分自身が本当に作りたい商品、提供したいサービスを考え、整理することができるでしょう。そして、第二の視点では、お客様である相手が欲しがるような商品やサービスとはどんなものなのかを考えることができます。第一の視点で考えていたものを第二の視点から見ることで、そこに大きなギャップがあることに気づくこともあるはずです。そんな時こそ、第三の視点です。第三者の視点から客観的に見ることで、第一の視点で考えていたものが独善的なアイデアになっていないかを考え、そのギャップを埋めるような提案の仕方や売り方の工夫を探し出すことができるのです。

3つの視点から考えることで、お客様に喜んでもらえるような商品やサービスを考えることができるはずです。常に3つの視点の存在を頭の隅に置き、それを実践してみてください。少々トレーニングが必要になりますが、それらの各視点へ自由に移動できるようになれば、いろいろなビジネスや商売での工夫が楽しくなること間違いありません。

商品の企画が行き詰まった時などに、街へ出て人々の動きを見たり、店員とお客様との会話を観察することによってヒントを得ることが簡単になります。また、休日のショッピングでも気づきが増えるでしょう。さまざまな視点で考えることはとても大切なのです。

# 04 マーケティングとは

本書を最初のマーケティングの入門書として手に取った方の中には、「そもそもマーケティングとは何？」という疑問があるかもしれません。

いろいろな解釈が可能となるため か世界共通の定義とはなっていませんが、その回答としてよく見かけるのが米国や日本のマーケティング協会による定義です。

一方、商売、ビジネス等、実践でマーケティングを活用する人に同じ質問をぶつけるとさまざまな意見が出てきます。「人と人とのやり取り」、「何らかの交換」といったものから、「商談や交渉を説明するもの」、「お互いにメリットを得ようとするもの」、「商売の極意」、「儲ける秘訣」等々です。このようにマーケティングの定義が千差万別なのは、マーケティングという考え方が比較的新しく、また情報技術やネットワーク化の進展でその手法が変化し、マーケティング自体が日々変化しているからです。

私はマーケティングを「あらゆるコミュニケーションのためのツール」ぐらいに理解しています。学校でのテストの時などは別ですが、みなさんも日々の実践を通じて自分なりの定義を見つけてもらえればよいでしょう。

# さまざまなマーケティングの定義

**AMA（アメリカ・マーケティング協会　2007年版）**

Marketing is the activity, set of institutions, and processes for creating, communicating, delivering, and exchanging offerings that have value for customers, clients, partners, and society at large.

〈日本語訳〉
マーケティングとは、顧客、依頼人、パートナー、社会全体にとって価値のある提供物を創造・伝達・配達・交換するための活動であり、一連の制度、そしてプロセスである。

**JMA（社団法人　日本マーケティング協会　1990年）**

「マーケティングとは、企業および他の組織(1)がグローバルな視野(2)に立ち、顧客(3)との相互理解を得ながら、公正な競争を通じて行う市場創造のための総合的活動(4)である。」

注
(1) 教育・医療・行政などの機関、団体などを含む。
(2) 国内外の社会、文化、自然環境の重視。
(3) 一般消費者、取引先、関係する機関・個人、および地域住民を含む。
(4) 組織の内外に向けて統合・調整されたリサーチ・製品・価格・プロモーション・流通、および顧客・環境関係などに係わる諸活動をいう。

05

# マーケティングのコンセプトはどう変わってきた？

マーケティングという考え方が比較的新しいと説明してきましたが、そのことがよくわかるのが、マーケティングのコンセプトの変遷です。時代背景の変化とともにコンセプトが大きく変わってきているのです。

①**生産志向**は、戦争直後の日本のように商品が足らず、商品を作れば作っただけ売れていくという時代のコンセプトです。企業は生産に力を入れ、流通の拡大に集中するだけでよかったのです。

作れば売れるという時代が終わると②**製品志向**の時代となります。供給が増え競争が生じてくるため、企業は競争に勝つための商品開発や差別化に集中していったのです。

やがて需要が十分に満たされることで、商品による差別化もだんだんと難しくなってきます。この時、企業は製造した商品をいかに売るかに注力するようになりました。販売（セールス）に力を入れようとする③**販売志向**の時代です。

しかし、小売り等からの売り込みの圧力が強くなっていくことで、多くの消費者は売り手に対して反発を覚えるようになりました。そこで、消費者が喜んで商品を買うような方法を取り入れるべきだとの考えが生まれ、**④マーケティング志向**というコンセプトが出てきました。

そして、今後のコンセプトとして提案されているのが**⑤社会的志向**です。世の中が発達し、単に消費を促すだけのコンセプトではなく、社会全体の調和を考えるべきだという趣旨のコンセプトです。企業の利益、消費者の満足に加えて、社会の利益も含めた調和を考えるべきだとの考え方です。

## マーケティング・コンセプトの変遷

| | | |
|---|---|---|
| ① | 生産志向 | 需要が供給を完全に上回っている時代のコンセプトであり、生産に注力する。生産能力を高めると同時に、流通の拡大に集中する。 |
| ② | 製品志向 | 企業間の競争が生じているが、製品の開発や改良により、競合他社との差別化を図ろうとするコンセプト。顧客ニーズではなく、製品開発に集中する。 |
| ③ | 販売志向 | さらに競争が激しくなり、消費者に自社商品を買ってもらうために、販売(セールス)に力を入れようとするコンセプト。ここでも顧客ニーズはおきざり。 |
| ④ | マーケティング志向 | 企業の目的を達成するために、ターゲットとなる市場や消費者のニーズをつかみ、消費者が求めるものを売ることで、効率良く、また消費者に満足してもらいながら売れるような、マーケティングの仕組み作りを中心とするコンセプト。 |
| ⑤ | 社会的志向 | 単に企業の目的と消費者の満足を達成させるだけでなく、浪費や環境の問題などに対応し、社会の利益も含めた調和を図っていこうとするコンセプト。 |

## 06

# マーケティングの範囲とは

近年は、マーケティングがカバーする範囲はきわめて広くなり、経営戦略などと重なる部分も少なくありません。したがって、マーケティングを知るためには、経営の大きな流れそのものと、その中のどこに位置づけられるのかを知っておくことが大切になります。

通常、企業は、「社会的使命」「継続事業体」「適正利潤等」の難しい言葉で語られるような経営理念や経営目標を持っています。その下で、ターゲットを絞り、ニーズ対応を考えるのが経営戦略です。世の中の動向や自社の現状を把握する外部環境分析、内部環境分析によって戦略を立てるのです。その戦略に基づいて、全体戦略、個別事業戦略、機能別戦略を決めていきます。その機能別戦略のひとつがマーケティング戦略です。

このように、経営全体の構造の中では機能別戦略に位置づけられるマーケティングですが、経営戦略との結びつきがとても強く、ほとんどのケースでは環境分析や戦略策定自体が、マーケティング戦略策定そのものともなります。そこで本書では、戦略の策定、外部や内部環境の分析についても解説していくこととします（Ｐａｒｔ４参照）。

## 企業活動の中でのマーケティングの位置づけ

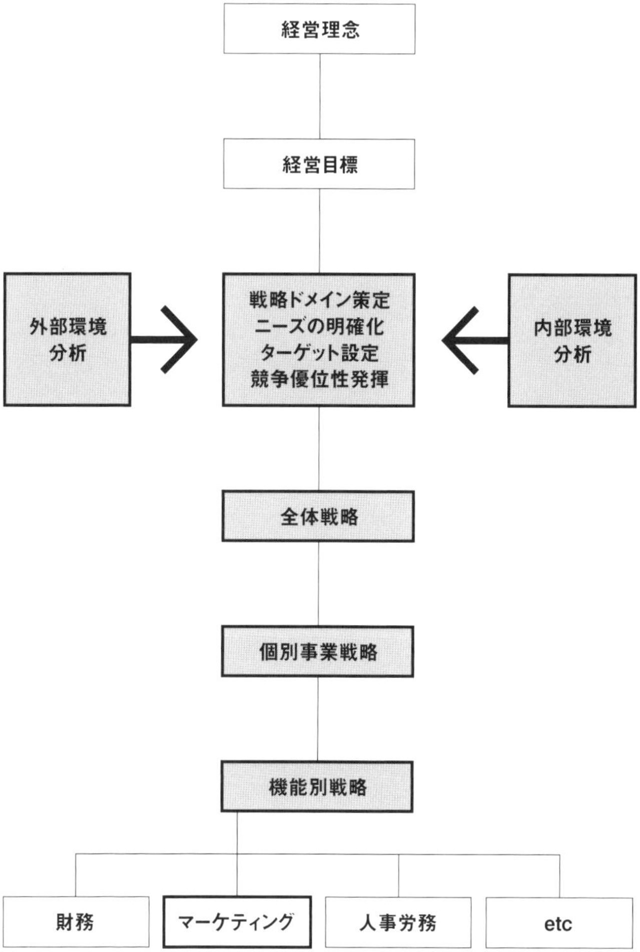
経営理念
経営目標
外部環境分析
戦略ドメイン策定
ニーズの明確化
ターゲット設定
競争優位性発揮
内部環境分析
全体戦略
個別事業戦略
機能別戦略
財務
マーケティング
人事労務
etc

Column 1

# 市場の声を集める方法

商品を開発、販売するために、消費者のニーズや要望を把握する調査手法が「マーケティング・リサーチ」です。

もっともシンプルなのが「観察調査」です。規模が小さい会社などでは、開発担当者自身が街へ出て人間観察するだけでも、さまざまなヒントを得られることがあります。しっかり調査したい時や大きな会社では調査会社に依頼し、「アンケート」や「グループ・インタビュー」等を行うケースも多くなります。

このようなマーケティング・リサーチには、さまざまな種類があります。それぞれ特徴があり、調査費用も大きく変わってきますので、目的に応じた使い分けが重要になります。

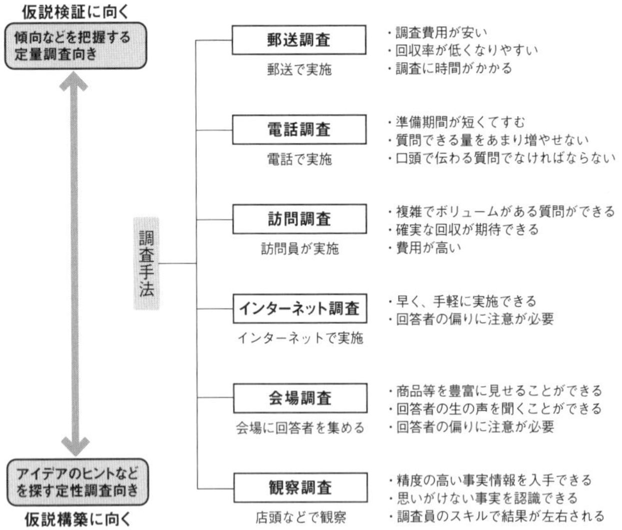

仮説検証に向く
傾向などを把握する定量調査向き
アイデアのヒントなどを探す定性調査向き
仮説構築に向く
調査手法
郵送調査
郵送で実施
・調査費用が安い
・回収率が低くなりやすい
・調査に時間がかかる
電話調査
電話で実施
・準備期間が短くてすむ
・質問できる量をあまり増やせない
・口頭で伝わる質問でなければならない
訪問調査
訪問員が実施
・複雑でボリュームがある質問ができる
・確実な回収が期待できる
・費用が高い
インターネット調査
インターネットで実施
・早く、手軽に実施できる
・回答者の偏りに注意が必要
会場調査
会場に回答者を集める
・商品等を豊富に見せることができる
・回答者の生の声を聞くことができる
・回答者の偏りに注意が必要
観察調査
店頭などで観察
・精度の高い事実情報を入手できる
・思いがけない事実を認識できる
・調査員のスキルで結果が左右される

# Part 2

# 即効性の
# マーケティングを使う
# メリット・デメリット

口コミでお客様は本当に増えるの？
Story 2
……
なんでこんなになるまで放っておいたの…
ごめんなさい…
ごめんねあまり連絡してなくて
気づいてあげられなかった
予想以上にこのお店の現状は危機的だった…とにかく…私ひとりの力じゃだめ
プロに相談してる時間も費用もないし…

どうだい？
俺達に相談する気になったかい？
こんな得体の知れないものに助けをこうのはどうかと思うけど…他に手がないの！
あなた達の話…聞いてみるわどうすればいい？
まかせとけ！
まかせといて！

御菓子 たまや
まずはどうしたらいい？
カンタンさ！口コミであおればいいんだよ！
ブログやランキングサイトフリーペーパーなんかを使って口コミを増やせば短期間で売り上げは伸びるぜ！
安易なやり方は反対だな
まず商品のこと作り方のことをよく知らなきゃだめだまずはじっくり…
短期間でほんと？
ああほんとさ
私も仕事があるからずっと実家にいるわけにもいかないの…時間がないわ
あなたにお願いするわ！
ふふふ俺の方が頼りになるだろ？
ちょ、ちょっと待ってそんな方法じゃ
ガクッ…

POINT 1
インターネットの活用
まずはネットを活用しよう！
ブログやSNS、ツイッターなど情報を発信する選択肢が多い
それにランキングサイトなんかにとにかく口コミを書き込んでお店の評判を上げよう！
確かに私もお店を探す時に口コミってよく見るわね なぜかしら…
誰でも宣伝と聞くと構えてしまうけど
知人から聞いた話として聞かされれば「自分を丸め込もう」という意図を感じにくいだろ？
そうか…なるほど

POINT 2
メディアの活用
次に短期間で
口コミ効果を上げるには
メディアの力を
借りたいな
雑誌　ラジオ
ローカルテレビ
なんでもいいから
使えればいいんだけど…
そうだ私の知り合いに
地元のフリーペーパーの
編集をやっている
子がいるの
相談してみる
元気？
しょうがないわねー
だけど
友達のピンチだもの
協力するわ
まあちょうど
今月号の特集記事に
困っていたところだしね
みやちゃん！
ありがとう…！
すごく
小さな
コーナー
だけどね
ところで
記事にするのに
何かいいネタは
ないかしら
それなら
いい提案がある

POINT 3
希少価値を上げる
同じ商品でも数量限定ということにして販売するんだ
季節限定!
白まりも
季節に合わせて季節限定なんかでもいいいね
こうすることで「急がないと手に入らなくなるかもしれない」という感情が生まれる
そういうネタは記事にしやすいわねもらったわ!
あっ…
ガラッ
早速帰って記事を書くわ!ありがと!
そう希少性のあるものは話のネタにしやすい
ちょっとした会話の中で自慢にもなりやすいメディアだけじゃなくて一般の顧客の口コミにもつながるかもしれないぞ

とりあえず急いで打てる手は打ってみたわ
でも…ほんとに大丈夫なのかしら
わい…
わい…
開店まだー？
うそ…でしょ…？
なっ…なんだこれは
はっはっはー
見たかこの俺の力を！
すごい…！すごいすごい！ほんとにお客様がたくさん来た！

ま、まさか
あのつぶれかけの
店がこんなことに
なっている
なんて…！
すごいわ！
あの子のいう通り
やって正解だった…
これでお店も
私の結婚も
万事解決
じゃない！
いらっしゃいませー！
はい ありがとう ございます！
もっと飢餓感を
あおればいいんだよ…
口コミももっと
書き込んじゃえ！
おい エモー
そんなことやってると…
あいつか…
何者だ
あいつら…？
おい!!
あいつらの
ことを調べろ!!
趣味とか
好きなものなんかが
あったら全部
リストアップしておけ
よおし…
それならば…
ふっふっふ
見てろ…

はー
こわいわー
もうくたくた
だよ
お疲れ様
今日もすごい
人だったわね
あらお父さん？
お父さん！　ほらね
お客様増えたでしょ！
これが
マーケティングの力よ！
これでもう大丈夫よ
……
なによあの態度
私がこんなに
がんばったのに！
……

お父さん あれはかわいそうよ 少しはほめて あげたら？
……
事実あんなに お客様が 増えてる じゃない
3丁目の日比野の おばあちゃん… 最近来たか？
村川のじいさんや 川島豆腐のぼっちゃん… どんなにくたびれてても 必ず何日かに いっぺんは買いに 来てくれてた常連さんが…
…ここんとこ来てねえぞ

# 01 影響力のある口コミ「バイラルマーケティング」

物語の中でエモーがまりもに薦めた口コミ等を活用したバイラルマーケティングですが、やり方次第で短期間で高いプロモーション効果を上げられる可能性がある反面、使い方を間違えると商品の売れ行きに貢献しないだけではなく、商品や会社の評判を落とすこともあります。

商品やサービスの利用者が書いた口コミに比べると、商品やサービスの売り主が書いた口コミは、どうしてもわざとらしさがにじみ出てしまいがちです。そこに違和感を覚えた人々はインターネット等を通じて情報交換を行います。もし、その違和感が情報の受け手の勘違いであればそのまま収束していくでしょう。しかし、違和感を覚える人が多ければ、短期のブームで終わるばかりか、それが原因となってクレームや不信感を生み出すこともあります。

それ以上に問題を招きやすい安易な手法として、炎上マーケティングやステルスマーケティングなどがあります。わざと過激な内容をブログなどインターネット上のメディアに載せ、人々の注目を集めることで商売につなげようとするやり方です。強く直接的な宣伝目的を持つにも関わらず、そのことを説明しないでメディアの中で商品やサービスを紹介する方法も同様です。安易に売り上げにつなげようと情報の受け手を露骨に欺くようなやり方をとった結果、商売を畳まなければならなくなるようなケースも出ています。

どのようなプロモーションを展開するのかについては、各企業の考え方やモラルなどによって判断基準が違ってくるでしょう。しかし、多くの人に不信感を与えるビジネスが長続きしないことは明らかです。本来マーケティングとは、関係する人々のコミュニケーションをよりうまくやるための考え方であるはずです。**その観点からは、口コミのねつ造や炎上マーケティング、ステルスマーケティングは、一般的なマーケティングやプロモーションに含まれるものではなく、〝使われるべきではない手段〟といえるでしょう。**

商品やサービスの利用者が書いた口コミであれば、エモーが説明しているように、それは売り手からの情報ではなく同じ買い手の立場からの情報となるため強い説得力を持ちます。そのような口コミが生まれる工夫をすることは、もちろん悪いことではありません。話題性やストーリーを伝えたり、商品にまつわるうんちくを用意することで、口コミをうまく誘発できれば、メディアへの掲載などの口コミが口コミを呼ぶようになっていきます。多くの人に商品やサービスの存在を知ってもらうことができ、売り上げも伸びていくのです。

# 02

# 口コミの発生をサポートする仕組み作り

口コミには、商品やサービスの良さをほめるプラスの口コミと、欠点や不満を指摘するマイナスの口コミがあります。レストランなどで食事をした時に「あの店は二度と行かない！」「あそこは最悪」「あそこはやめておいた方がいいよ」などのマイナスの話は、周りの人々に言いたくなる方が多いのではないでしょうか。一方、「あそこはいいよ」、「あそこの店は最高」といったようなプラスの話は、よほど親しい知り合いでない限り、お店や商品の押しつけ的なイメージが出てしまい言いにくいかもしれません。

このことについて、良い評判はひとりから5人に伝わり、悪い評判はひとりから10人に伝わるという経験則が明らかにされています。これはインターネットや携帯電話が普及するより前の調査結果です。現在では、インターネットの家電や化粧品の口コミサイトが強い影響力を持ったり、書籍をはじめとしてさまざまな商品を販売するECサイトなどでも評判が書き込まれるのが普通になっています。また、個人が書くブログや日記、ツイッターなどのつぶやきが増え、大きな影響力を持つようになってきています。一般の個人の発言が元でヒットが生まれたりする時代なのです。

このように強い影響力を持つ口コミをうまく利用するために口コミが生まれやすくなるような仕掛けを用意することが大切です。人に話したくなるような話題性を作ったり、人に話す時に使えるツールを作って配ったりするのです。

たとえば、ＰＲ会社などでは、商品やサービスの開発などにも関連して、口コミのネタを探し出し、それをメディアへ流す役割も果たします。また、オピニオンリーダーと呼ばれる、口コミ発生力が強い人々を集め、そこに対してメーカーからの試供品を配るサービスを提供する会社もあります。良い商品であり、またその商品の情報をしっかりと伝えることができれば口コミが発生する可能性が高まります。

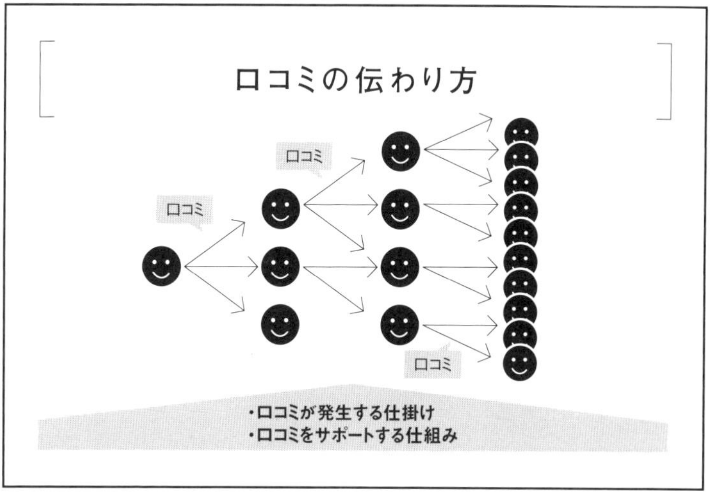

# 03

# 口コミ効果が高い商品やサービスとは

インターネットや携帯電話の普及により、誰もが簡単に情報発信できるようになってきたことで重要性が高まっている口コミですが、その影響が大きいとされるのが、サービス、ハイテク製品、リスク商品、ファッション関連商品、新商品です。

ホテルやレストランは利用経験がない人は品質やサービスのレベルがわからないため、経験者からの意見に大きく影響されます。また、電化製品などのハイテク製品では、新しく開発された機能が本当に役立つのか、使い勝手は良いのか、どこか問題があるのではないかという気持ちになりやすいため、すでに使っている人の意見を聞きたくなります。そして、化粧品や金融商品では利用することによるマイナスのリスクを回避するために、アパレルなどでは他人からの視線による不安回避のために、他人の意見を聞きたくなります。

誰もが知っているような昔からの定番商品であれば、利用者が自分で判断できるため口コミの効果はあまりありません。しかし、たまやのまりも饅頭のように、たとえ定番であっても、その商品のことを知らない人々がたくさんいる場合には、ポジティブな口コミは大いに効果を発揮するのです。

## 口コミ効果が高い商品・サービス

| 種類 | 理由 | 例 |
| --- | --- | --- |
| **サービス** | 基本的に無料体験などが用意されておらず、事前に品質がわからないまま利用しなければならないため。 | ホテル、レストラン |
| **ハイテク製品** | マニアを除く、ほとんどの人にとって使い方が難しく、機能の違いがよくわからないため。 | 家電 |
| **リスク商品** | 化粧品では皮膚トラブル、金融商品では元本割れ等、選択を誤ることによるリスクが高いため。 | 化粧品、金融商品 |
| **ファッション関連** | 嗜好性が高く、流行変化への対応不安が生じやすいため。 | アパレル |
| **新商品** | はじめて購入する商品であり、よくわからないため。 | 改良ではない、全く新しいタイプの商品 |

良い口コミが拡がるような工夫が大切だけど、悪い口コミはそれ以上に拡がりやすいので注意が必要だよ!

04

# 口コミを生み出し加速させるヒント

「100万円のほうき」と聞くと、いったいどんなものなのか見てみたくなりませんか？

岩手県九戸村の超高級ほうきは、3haの畑で2～3本しか取れない最高級の縮れたホウキモロコシを何年もかけて集めているそうです。その話題性から、TVなどメディアからの取材を受け、その結果、ほうき全体の売り上げ増につながっているそうです。

このような話題性やおもしろさ、目新しさがある情報は、ニュースとして報道されやすくなります。お金を払って広告を出稿しなくても、自社の商品やサービスをメディアで取り上げてもらうことができるのです。記事として取り上げられることで、受け手に与える信頼度や注目度、そしてインパクトは広告以上のものになります。

同様の工夫として、毎年恒例になりつつある1億円のお年玉福袋、20万円を超えるおせち料理、美脚で評判の女優が自分の足に1億円の保険をかけるなど、いろいろなやり方があり、TVや新聞などで目にしたことも多いのではないでしょうか。

ここでは、このような口コミを生み出すための切り口と、エモーが解説した希少価値のような口コミを加速させる付加価値を整理した表を用意しました。

## 口コミを生み出す切り口

| 切り口 | 例 |
| --- | --- |
| who<br>（だれが） | **知名度のある人々の行動はニュース性がある**<br>・芸能人、セレブなど<br>・昔の著名人など有名人の行動や言葉 |
| when<br>（いつ） | **即時性がありニュースや天気番組に絡ませやすい情報を探す**<br>・桜や紫陽花など季節感を感じさせるもの<br>・何年ぶりの<br>・初鰹、初雪、今年初などの |
| where<br>（どこで） | **場所に絡めることでニュース性が出る**<br>・場所そのものに価値がある場合<br>・地域で初めての○○店<br>・こんな場所に「なぜ」と思わせる |
| why<br>（なぜ） | **理由や根拠を示すことで信頼性のあるものに仕上げる**<br>・数値やデータなど<br>・実際の映像で理解させる |
| what<br>（何を） | **商品にまつわる話題性を探す**<br>・商品そのもの<br>・素材の持つ力（効果）を研究などによって |
| How<br>（どのように） | **やり方の特徴を見つけ出し、情報として伝える**<br>・いままでにないやり方（製造方法）<br>・全く新しい売り方 |
| How much<br>（いくら） | **値段に関する意外性は話題になりやすい**<br>・10万部突破等、きりの良い数字<br>・美脚で有名なタレントが、自分の足に数億円の保険をかける<br>・100万円の超高級ほうきを売るほうき屋<br>・1杯3万円する超高級ラーメン<br>・1袋1億円のお年玉福袋 |

## 口コミを加速させる付加価値

| 付加価値を感じさせるもの | 例 |
|---|---|
| おまけによる付加価値 | ・おまけ<br>・くじ |
| 情報コンテンツによる付加価値 | ・風水<br>・色の工夫<br>・占い<br>・うんちく |
| 自分だけのオリジナルという付加価値 | ・多彩なオプション<br>・カテゴリー分け<br>・年代限定<br>・ライフスタイル |
| 期待感という付加価値 | ・期待感があるものを用意する<br>・期待感をそそる<br>・期待感を越える<br>・驚かす（サプライズ） |
| おもしろさによる付加価値 | ・パフォーマンス<br>・実演販売 |
| お買い得感による付加価値 | ・小さなおまけの大きな効果<br>・値段が価値を決める<br>・場が価値を決める<br>・ついで買いは安く感じる<br>・大台割れ価格で安さを演出<br>・ジャストプライスでお買い得感<br>・心理的財布を変えることによる買いやすさ<br>・割引表示の使い分け（一流ブランドは割引表示） |
| 希少性による付加価値 | ・数量の限定の力を使う<br>・期間の限定の力を使う<br>・秘密の情報を伝える<br>・高まっていく希少性を伝える<br>・希少性による魅力アップ |

（出典）『心理マーケティングで「付加価値」を高める技術』山下貴史　ぜんにち出版

# Part 3

# 商品を買う人を理解する

これ
くださいな
そして 饅頭のことを知った今は饅頭が欲しいこれがニーズ
つまり知らないウォンツの状態からニーズの状態に変化したんだ
君がやらなければいけないことは饅頭をたたくさん売るのではないはずだよ

お客様の本当のニーズって？
Story 3
グビッ
グビッ
グビッ
カラン
カラン
マナーの悪いお客さんも増えて…
たまやさんもなんだか変わっちゃったねえ…
これじゃもう昔みたいに買いにいけないわね
はい ありがとうございます！ あ いらっしゃいませー
ちょっとお母さん!! 何してるの手伝ってよ!!
え ええ…
最近…常連さんが来てねえぞ

そうこれこれ話題になってたお饅頭
あとで食べさせてー
どう？
美味しいけど…どこにでもある味じゃない？
一度食べれば十分じゃない？
あはは…いえてる！
ふう…峠は越えたようね
ひと休みしたら？
今日もそれなりにお客様来てくれた…けど
なんだろ気のせいかな…？
お客様…少し減ってる？
たまや
すみませーん！

すいませーん
これさっき
買ったばっか
なんスけど
落としちゃってさ
交換してくれない？
え…あの
落としちゃったものは
ちょっと…
えー!なんだよ!
ケチくせえなあ
この店!
あら
なんか揉めてるわ
よくわからない
けど返品する
とかしないとか
なんだ
誠実さが
売りだった
のにね
結局
私の悪い予感は
的中…
今までの繁盛振りが
まるで嘘のように
急にお客様は
激減した

エモー！ あなたの言った通りにやったけど
結局お客様は1回来るだけじゃないの！
そ、そんなこと言われても…
確かにこのお客様の減りようは…
確かに一時的に客は増えただけどな
常連さんが来てねえでないかい？
これがマーケティングというやつならがっかりだな
……
あ、あったあった
これだ！

これ
くださいな
あら？どこから買いに来てくれたの？
まりも
緑町だよ 前にTVでやってるのを見たの
これからおばあちゃん家に遊びに行くから買って行くんだ
このカワイイお客様達がどうやって来たのかわかるかい？

この流れを知ることが他のお客様を集めるためのヒントになるはずだよ
これはマーケティングの基本的な考え方のひとつ
A《ア》I《イ》D《ド》M《マ》Aだ

■AIDMA

Attention：注意を引かれる：ローカルTVでの放送 or フリーペーパー等
Interest：興味を持つ：おばあちゃんが好きそうだと思う
Desire：欲求が生じる：いつかは、おばあちゃんに食べさせてあげたい
Memory：記憶する：家から少し離れた商店街のたまやというお店で売っている
Action：行動に移す：おばあちゃんの家に行くから買いに行ってみよう

なるほどこうやって考えるのね

他にも注意するべきことがいくつかあるよ
ニーズとウォンツだ
私にもわかるわ
あの子達にはお饅頭に対するニーズがあるってことでしょう…あれでもウォンツって何？
？
ニーズとウォンツって何が違うのかしら？

## ■ニーズとウォンツ

ニーズ：必要としているもの

ウォンツ：気づいていない潜在的な欲求

あの子達は、最初、ここの饅頭のことを知らなかったね元々饅頭を欲しいと思っていたかな？
いいえ知らないのだから欲しがったはずがないわ
たとえばあの子達がまりも饅頭の存在を知らなかった時には
他のお菓子を持っていっただろうこの状態がウォンツだ
そして 饅頭のことを知った今は饅頭が欲しいこれがニーズ
つまり知らないウォンツの状態からニーズの状態に変化したんだ
君がやらなければいけないことは饅頭をただたくさん売ることではないはず

ひとつは
饅頭を欲しい人
つまりニーズがある人に
売ること
そしてもうひとつは
ここの饅頭の存在を知らないけど
存在を知ったら欲しくなるような
人にその存在を知らせて
買ってもらえるように
導くことなんだ
これはマーケティングの
基本だよ
そっか…今までは
こんな基本的な
ことも考えないで
お客様を
操作しようと
していたのね…
なんだよみんなして…

俺のやり方が間違っていたっていうのかよ
ジャ…
こないだまでみんな嬉しそうに聞いてたじゃないか!
そう、キミのやり方は間違っちゃいない

僕のところへ来たまえ
一緒にあの饅頭屋を潰そうじゃないか

## 01

# 購買行動を説明する「AIDMAの法則」とは

80頁で兄妹が商品を買いに来る様子をもとにロジーが解説していたのが、人々が商品を購入するまでの心理状態の変化を説明するモデルである**AIDMA《アイドマ》の法則**です。これは**生活者が商品やサービスの存在に気がついてから、実際に購入するまでの一連のプロセスを5つに分けて説明するモデルです。**

まず、①広告や宣伝によって注意を引かれる（Attention）から始まり、②その商品に興味を持つ（Interest）、③興味を持った商品が欲しくなる（Desire）と続き、やがて、④商品のことを記憶する（Memory）、最後に、⑤商品を探して購入する（Action）へと生活者の思考や行動が変化していく様子を表しています。これら一連のプロセスの頭文字からＡＩＤＭＡの法則と呼ばれています。

もちろん、すべての商品購入までの流れが、この通りになるわけではありませんが、この法則を知っておけば、商品の購入につなげるための各ステップにおける販売促進の手段を考えることが簡単になります。

たとえば、たまやでは、最初に商品に注目してもらおうと、エモーのアドバイスにより

SNSなどの口コミや地域のメディアを利用しました。それによって、地域の多くの人に商品の存在を伝えるだけでなく、特長や魅力を合わせて伝えることで、興味や欲求が生じるところまで一気に持っていっています。TVなどの瞬間的なメディアでは、露出が繰り返されることで記憶に残るようになります。それが人々の行動につながるのです。

　お客様がAIDMA上のどのステップにあるのか、そして次のステップに行くためにはどうすればいいのか、それを意識し、ステップに合わせた工夫をすることで、お客様に喜んでもらいながら売り上げアップにつなげていくことができるのです。

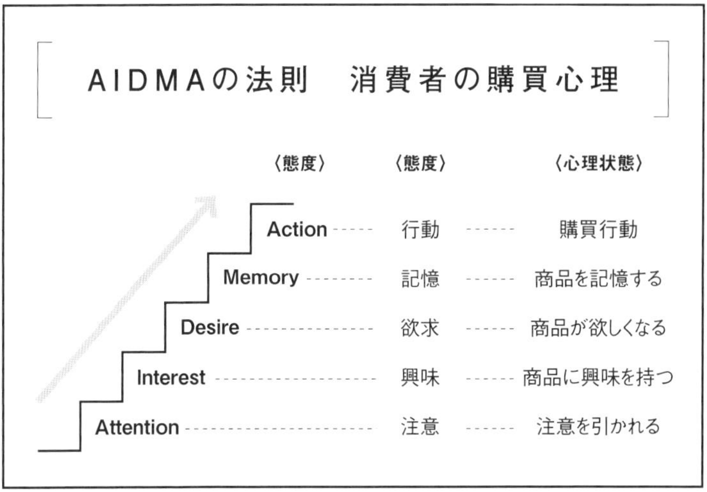
AIDMAの法則　消費者の購買心理
〈態度〉
〈態度〉
〈心理状態〉
Action ---- 行動 ---- 購買行動
Memory ---- 記憶 ---- 商品を記憶する
Desire ---- 欲求 ---- 商品が欲しくなる
Interest ---- 興味 ---- 商品に興味を持つ
Attention ---- 注意 ---- 注意を引かれる

## AIDMAの法則とスマートフォン購入の例

| | | | 心理状態 | 例（スマートフォン） |
|---|---|---|---|---|
| STEP 1 | Attention | 注意 | 注意を引かれる | Webのニュースで、新しく発売されたスマートフォンの記事を読む。 |
| STEP 2 | Interest | 興味 | 商品に興味を持つ | 自分のモデルにはない機能があり「これはよさそうだ」と興味を持つ。 |
| STEP 3 | Desire | 欲求 | 商品が欲しくなる | さらにインターネットで、その機種の評判を調べ、欲しくなる。 |
| STEP 4 | Memory | 記憶 | 商品を記憶する | 「今度の週末、家電量販店へ行って、実際に触ってみよう」と記憶する。 |
| STEP 5 | Action | 行動 | 商品を購入する | 週末に家電量販店へ向かい、デモ機を試し納得できたので、価格交渉を行う。 |

お客様になるだろうと思われる人々の思考や感情を段階的に押さえていくんだね。

## 購買行動を説明する法則

AIDMAの法則同様に購買行動を説明する法則はいろいろあるよ。リピート商品だったらAMTUL、通販だったらAIDASといった具合に使い分けるのもいいかもしれないね。

| | 主に対象とする範囲 | 備考 |
|---|---|---|
| **AIDAの法則** | 広告宣伝から店舗流通までカバーする伝統的な購買行動 | AIDMAの法則のベースとなったもの。日本ではあまり使われない。 |
| **AIDMAの法則** | 広告宣伝から店舗流通までカバーする伝統的な購買行動 | 伝統的かつ基本的なモデル。 |
| **AMTULの法則** | リピート性の高い商品の購買行動 | 各ステップにおけるお客様の態度について、評価のための指標が用意されている。 |
| **AIDASの法則** | Web通販やカタログ通販等、ダイレクト・マーケティングでの購買行動 | 伝統的な通販の購買行動を説明するモデル。 |
| **AISASの法則** | インターネットによる情報収集と共有による購買行動全般 | 口コミによる商品情報の広がりに着目したモデル。 |
| **AIDEESの法則** | インターネットによる情報収集とブランド形成による購買行動全般 | 口コミによるブランド形成までに着目したモデル。 |
| **購買意思決定プロセス** | 典型的な情報処理による購買行動 | 購買後の評価まで含まれるモデル。 |

## 02

# 「コトラーの購買意思決定プロセス」とは

ＡＩＤＭＡの法則等とは別の角度から見た購買意思決定プロセスに「コトラーの購買意思決定プロセス」があります。そこでは人が何かを欲しいということに気がついてから、実際に商品を手に入れて評価するまで、５つのプロセスがあるとされています。

自分の欲求を満たしてくれる何かが欲しいと気づく①問題意識から始まります。欲求を満たしてくれるサービスを探す②情報検索、商品やサービスを評価する③情報評価へと続きます。

この③情報評価の段階で、「他の商品が良い」とか「今買う必要がない」ということになれば、プロセスはそこで止まりますが、問題がなければ④購買決定を経て、⑤購買後評価まで進みます。満足を感じれば再購買や良い口コミに、不満足を感じたのであれば再購買につながらないだけでなく、悪い口コミが発生する可能性も生じます。買わない、不満足だからリピートしないといったネガティブな反応も織り込んでいるところに特徴があるのです。

ＡＩＤＭＡの法則と同様に、このモデルを知っておくことで、モノを売るための各段階における必要な販売促進等の工夫の方向が見つけやすくなってくるのです。

# コトラーの購買意思決定プロセス

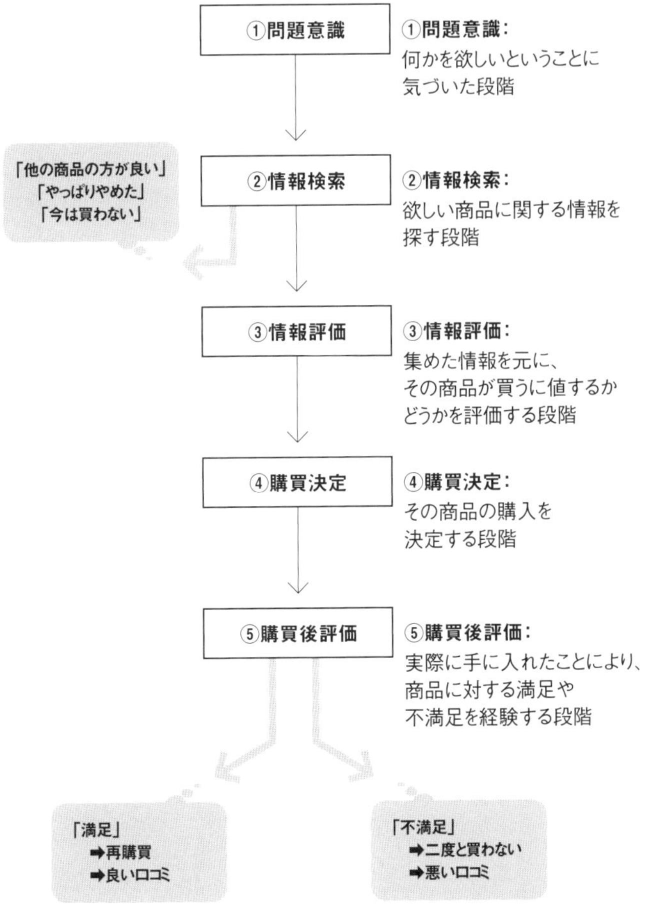
①問題意識
①問題意識：
何かを欲しいということに
気づいた段階
「他の商品の方が良い」
「やっぱりやめた」
「今は買わない」
②情報検索
②情報検索：
欲しい商品に関する情報を
探す段階
③情報評価
③情報評価：
集めた情報を元に、
その商品が買うに値するか
どうかを評価する段階
④購買決定
④購買決定：
その商品の購入を
決定する段階
⑤購買後評価
⑤購買後評価：
実際に手に入れたことにより、
商品に対する満足や
不満足を経験する段階
「満足」
➡再購買
➡良い口コミ
「不満足」
➡二度と買わない
➡悪い口コミ

# 03

# 人の2つの欲求「ニーズ」と「ウォンツ」とは

ロジーが82頁で説明したニーズとウォンツは、商品を買う人々を理解するうえでもっとも基本となる、押さえておきたいキーワードです。しかしながら、このニーズとウォンツについては、いくつか異なる解釈があり、学者や実務家の間でも意見が分かれています。

一番シンプルなのが、「ニーズは必要性」であり、「ウォンツは欲しいと感じる欲望」と解釈をする考え方です。

一方、マーケティングの第一人者であるコトラーは、「人間のニーズとは、人間が感じる欠乏状態である」とし、ウォンツについては「欲求は、ニーズを満足させるものの名前で表される」としています。

そして、日本におけるマーケティングに携わる実務者の間では、**「ニーズは、消費者が必要としているものや、欲しがっているもののこと」であり、「ウォンツは、消費者自身が気づいていない潜在的な欲求」**だとする解釈が多くなります。使い勝手の良さなどの観点から、本書では、この解釈を採用して説明していきます。

## 「ニーズ」と「ウォンツ」のさまざまな解釈

| | 心理状態 | ニーズとは | ウォンツとは | 例 |
|---|---|---|---|---|
| 解釈1 | 必要性であるニーズと、欲求としてのウォンツ | 「必要だ」「○○しなければならない」という必要性 | 「欲しい」「○○したい」と感じる欲求 | 自動車の車検は、車を持っている以上、定期的に受ける必要性があるため、ニーズが高い商品となる。<br>一方、ポルシェにあこがれを感じている人にとって、自家用車が必ずしもポルシェである必要性はない。他の車でも代用可能となるので、ポルシェはウォンツが高いが、ニーズは低い商品となる。 |
| 解釈2 | ニーズが本当に欲しいもの、ウォンツはその実現手段 | 必要性を感じ、求めているもの | ニーズを満たす特定なものが欲しいという具体的な欲求 | 販売者は、しばしば欲求とニーズを混同する。ドリルの歯のメーカーは、顧客はドリルの刃に対してニーズを持っていると思うかもしれないが、顧客の本当のニーズは穴である。 |
| 解釈3 | 顕在化された欲求としてのニーズと、潜在的なニーズとしてのウォンツ | 顕在化された欲求 | 本人が気づいていない潜在的な欲求 | インターネットのサービスが提供される以前に、インターネットのようなサービスを欲しいと思う人は、ほとんどいなかった。ウォンツの状態だったのだ。それが世の中に出てきて、一度体験したことで、そのサービスの必要性が理解され、家でも外でも使いたいというニーズが生まれた。 |

# 04

# 「ニーズ」と「ウォンツ」を組み合わせて考える

顕在化された欲求であるニーズと潜在的な状態であるウォンツを組み合わせて表現したものが「ニーズとウォンツのマトリクス」です。

商品の存在を知っており、それを欲しいと思うのが「ニーズあり」の状態です。「お土産用にあのお饅頭が欲しい」「その饅頭を食べたい」などお客様の中で具体的な内容がイメージされている状態です。一方、商品である饅頭の存在を知っているにも関わらず、それを欲しいと思わない時があります。これは「ニーズなし」の状態となります。「何か喜ばれるお土産が欲しい」「何かおいしいものが食べたい」等の潜在的な欲求があるにも関わらず、それを実現する商品の存在を知らない場合は、「ウォンツあり」の状態となります。一方、ウォンツもなく、商品も提案されていない状態は「ウォンツなし」の状態です。

ロジーがまりもに説明したように、このマトリクス上のニーズがある人に商品を買ってもらえるようにするのはもちろん重要ですが、さらに**ウォンツの状態にある人に商品の存在を伝え、その商品が欲しくなるように導くことができれば、より多くの人に喜んで商品を買ってもらえるのです。**

# ニーズとウォンツのマトリクス

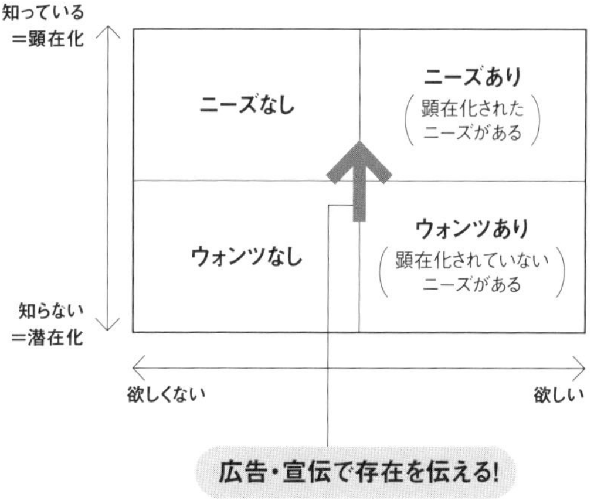
知っている
＝顕在化
知らない
＝潜在化
ニーズなし
ニーズあり
（顕在化された
ニーズがある）
ウォンツなし
ウォンツあり
（顕在化されていない
ニーズがある）
欲しくない
欲しい
広告・宣伝で存在を伝える!

## ●80頁で店に来た兄妹の場合

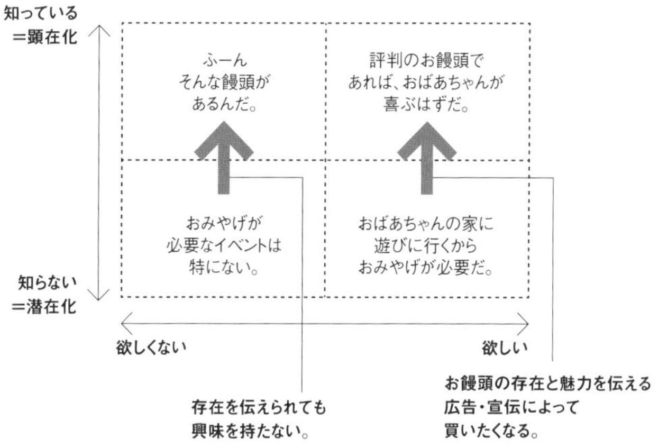
知っている
＝顕在化
知らない
＝潜在化
ふーん
そんな饅頭が
あるんだ。
評判のお饅頭で
あれば、おばあちゃんが
喜ぶはずだ。
おみやげが
必要なイベントは
特にない。
おばあちゃんの家に
遊びに行くから
おみやげが必要だ。
欲しくない
欲しい
存在を伝えられても
興味を持たない。
お饅頭の存在と魅力を伝える
広告・宣伝によって
買いたくなる。

## 05

# 人の欲求を理解する

人の欲求に関してニーズやウォンツと併せて押さえておきたいのが**マズローの欲求5段階説**です。人の欲求のレベルをピラミッド状の5段階に分けて説明するモデルです。下の段階の欲求が満たされることで、ひとつ上の段階の欲求が求められるとされています。たとえば①生理的欲求が満たされたら②安全の欲求が生まれ、②安全の欲求が満たされてから③社会的欲求が生じるといった具合です。なお、①生理的欲求から④尊厳欲求までは「欠乏欲求」とも呼ばれ、根底にあるのが足りないものを満たそうという気持ちになります。一方、⑤自己実現欲求は「成長欲求」であり、足りないものを満たそうとするのではなく、新たなものや自分が知らないもの、経験していないものを得たいとする気持ちです。

**相手が、この5段階の欲求の中で、どの辺にいるのかを知ることができれば、提案すべき商品が見えてきます。**たとえば、日々の生活が不安定で、安全だと感じていないお客様には、その状況を解決することができる商品で、自己実現欲求の段階にあるお客様には、自分自身を高める文化教養に関する提案などで、興味を惹くことができるといった具合です。

## マズローの欲求5段階説

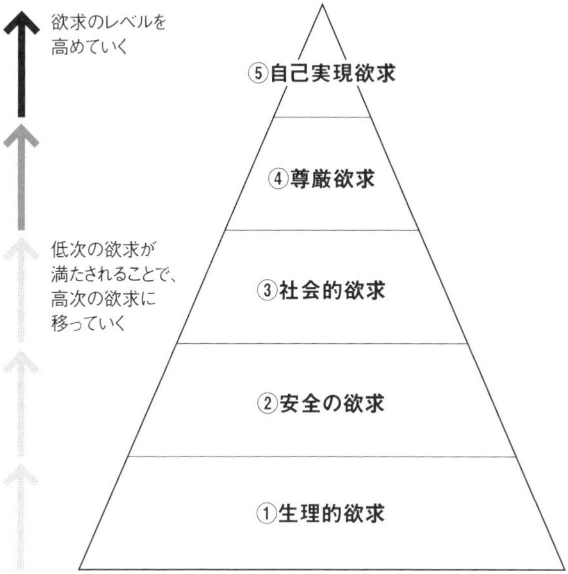
欲求のレベルを
高めていく
低次の欲求が
満たされることで、
高次の欲求に
移っていく
⑤自己実現欲求
④尊厳欲求
③社会的欲求
②安全の欲求
①生理的欲求

**⑤自分の人生観に基づき、自己を高めていこうとする欲求**
例：自己の成長につながる商品、自己啓発関連商品

**④他人から尊敬されたい、注目を集めたいという欲求**
例：名声やステータスを意識できる商品、注目される商品

**③集団への所属や愛情を求める欲求**
例：人間関係を提供するサービス、帰属意識を生むサービス

**②危険や不安から逃れたいという欲求**
例：将来を保障するサービス、リスクを回避するための商品

**①食欲や睡眠欲など生存に直結した欲求**
例：基本となる衣食住の提供

# 06

# 流行に先駆けて買う人・流行ってから買う人

商品をどの段階で購入するお客様か、というのも、買う人を理解するための大切な視点です。たとえば、あなたの周りを見渡しても、流行に敏感で、話題の商品はとりあえず試してみる人、評判が良いことがわかってから購入する人など、さまざまなタイプがいるのではないでしょうか？

今回の饅頭屋の例では、少々あてはまりづらいのですが、**このように人々の間での商品の拡がり方を説明するのがイノベーター理論です。**

流行はイノベーターと呼ばれる革新的な層からはじまります。マニア的な層であり、商品への関心が高いのですが、その商品の良さを自分自身で味わうことに集中します。次に反応するのがアーリーアダプターと呼ばれる層です。イノベーターの反応を見て、良さそうだと思ったら積極的に商品を手に入れます。別名で「オピニオン・リーダー」と呼ばれるように、周囲の人々にその新商品を紹介することに特徴があります。流行の先端にいることに満足したい層なのです。この層がポジティブに反応すると、商品の売れる可能性が高まってきます。

# イノベーター理論

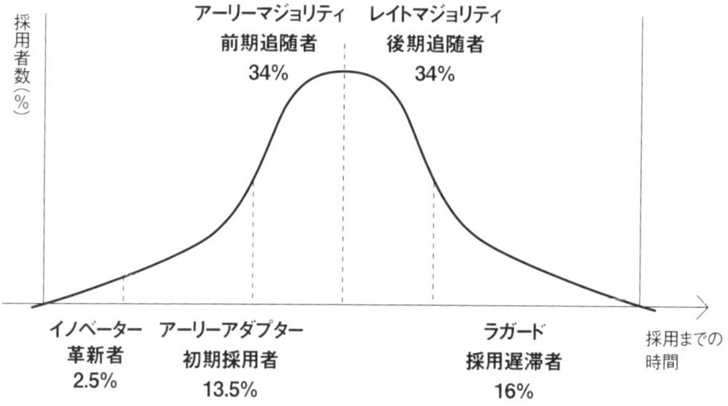

採用者数(%)
アーリーマジョリティ
前期追随者
34%
レイトマジョリティ
後期追随者
34%
イノベーター
革新者
2.5%
アーリーアダプター
初期採用者
13.5%
ラガード
採用遅滞者
16%
採用までの
時間


| 呼称 | イノベーター Innovators | アーリーアダプター Early Adopters | アーリーマジョリティ Early Majority | レイトマジョリティ Late Majority | ラガード Laggards |
| --- | --- | --- | --- | --- | --- |
| タイプ | もっとも早い時期に反応する層。 | 流行に敏感で、情報収集を自ら行い、判断する層。 | 比較的慎重な層。採用にあたっては時間をかけ慎重だが、社会の平均よりやや早いタイミングで採用する。 | 比較的懐疑的な層。周囲の大多数が採用するなどにより社会的評価が確定してから採用する。 | もっとも保守的な層。変化を好まず、新製品に無関心。イノベーションが伝統になってから採用する。 |
| 別名 | 革新者 | オピニオン・リーダー<br>初期採用者 | ブリッジピープル<br>前期追随者 | フォロワーズ<br>後期追随者 | 伝統主義者<br>採用遅滞者 |
| 構成比 | 2.5% | 13.5% | 34% | 34% | 16% |

そして、アーリーアダプターの様子を見て反応するアーリーマジョリティ、周囲の人々が使っている様子を見て反応するレイトマジョリティと続きます。

最後にラガードと呼ばれる層が反応しますが、この層は、新商品に無関心で態度も保守的です。周囲の大半が持っているのでしかたがなくというように必要性から反応する層なのです。

新しい電子機器や新サービスなどであてはまることが多い理論です。

# Part 4

# 自社と競合の関係を整理する

まさか…！
その通り
顧客の分析（Consumer）
競合他社の分析（Competitor）
そして自社内部の分析（Company）
これらを合わせて
3C分析と呼ぶんだ
ええ
僕がついたからには
あんな弱小饅頭屋は
あっというまに
つぶして見せますよ

# ニセまりも饅頭出現!!

Story 4

最近
あんたのところは
スーパーや
コンビニにも商品を
卸しているのかい
え…？
あら…だって
こないだ見た
わよ？…同じの
それは
突然の
ことだった
まさか…！
…！
銘菓
マリモ饅頭
な なに
これ…！

販売元はなんと
あのキザ御曹司の
木座製菓だった
銘菓
マリモ饅頭
道内シェアトップ
を誇る大手が
うちの
類似商品を
販売してきたのだ
まさか…あいつが
こんな手で
打って出てくる
なんて…！
これ最近話題になって
いた老舗のたまやの
お饅頭でしょ？
でも　なんだか
ありがたみがないし
普通の味だよね
大変！　大変！
大変よぉお!!

まりも落ち着いてよ
これが落ち着いていられる!?
同じような商品を出されて値段が安くて…!
これじゃあ うちの商品が売れなくなるじゃない
それに頭に来ることにあまりおいしくないのよ
でもパッケージにはうちの名前が入っているわけではないし商品名も微妙に変えてあるし
うちの商品の評判も落ちちゃうじゃない
相手は大手… 裁判で訴えても結果が出る前にうちがつぶれてしまうに決まってるし…
ちょっちょっと!!
今 言ったことをマーケティングの観点から整理してみようよ

まりもは
今まで自分の
会社のことしか
考えていなかっただろう
ほかに考えなければ
いけないのは？
…お客様の
ことって
言いたいんでしょ
わかってるわ
他には？
！
…今回出てきた
ライバル企業の
ことね！
その通り
顧客分析（Consumer）
競合分析（Competitor）
そして自社分析（Company）
これらを合わせて
3C分析と呼ぶんだ
ただ、今のところ
たまやとライバルの
木座製菓は
規模が違いすぎるから
まずはライバルのことより
自社のことそして
お客様のことを考えるべきだよ
でも木座製菓の
やり方は汚すぎるわ
あんなモノマネはありなの
御菓子 たまや
たまや

あれは王者の模倣戦略（同質化戦略）といって規模がトップクラスの企業が気になる会社に対して行うちゃんとした戦略なんだよ
あれ…？ こういうイヤらしい戦略が大好きだったやつといえば…
まさかね
ぼくらはまずは自社のことを考えよう
それにしても汚いやり方よね
考えた奴の顔が見てみたいわ！
木座製菓 株式会社
へっくしっ！
グズ…

■SWOT分析
「プラス」の側面
「マイナス」の側面
「内部環境」に起因する
強み（Strength）
弱み（Weakness）
「外部環境の変化」に起因する
機会（Opportunity）
脅威（Threat）
自社を取り巻く環境を整理する方法のひとつにSWOT分析があるんだ
この分析を行うためにまずはこの店の強み、弱み、機会、脅威を考えてみよう

| | |
|---|---|
| **Strength**（自社の強み） | 老舗というブランド、素材へのこだわり、職人による手作り |
| **Weakness**（自社の弱み） | 規模が小さい、生産量が限られる |
| **Opportunity**（機会） | 安心安全な食べ物へのニーズ、本物志向 |
| **Threat**（脅威） | 原材料の高騰、メイン顧客減少 |

ウチの現状でいうと今こんな感じかしら…
これらをSWOTの表に割りあてるんだ
それをクロスさせることでどんな戦略をとるべきかが見えてくるんだよ

たとえばさ素材へのこだわりだけど
厳選された北海道産の素材を使っているし職人による手作りなんだから安心な食べ物だし、最近伸びてきたライバルと違って明治から続く老舗なんだから本物だろう
じゃあなんでお客様が店の前を通り過ぎていくんだろう
素材へのこだわりや老舗であることを知らない人が増えてきているってこと？
それは何でかな？
そうか…つまりこれは作る方にはこだわりがあるけど
売る方にこだわりがなかったってことを表してるんだ

そう!! マーケティングが弱い!!
いや!! マーケティングを全くやってこなかったからだ!!
ということはまずはマーケティングをしっかり学んで商売の工夫をすればいいってことね
よーし!!
その通り さっきのクロスSWOT分析で次にとるべき戦略が見えてくるはずだよ
よしじゃあ これからの戦略をまとめてみよう
わかったわ!
木座製菓 株式会社
エモーくん!! よくやってくれたッ!!

王者の模倣戦略は見事的中したようだね
僕が言った通りになったやっぱり僕は間違ってないんだ
はっはっはこれからもわが社に力を貸してくれたまえよ
キャーッ！エモーちゃん☆
かわいいっ！こっちむいて！
〜〜〜

ええ 僕がついたからには あんな弱小饅頭屋は あっというまに つぶして見せますよ
パパ、彼を連れてきたのは僕だよ 忘れないでね！
うーん…なんとか うちがとらなければ いけない方向が 見えてきたような 気がするけど
……
こんなに障害ばかり あるのに 大丈夫かしら
菓子 たまや

01

# 顧客と競合と自社を分析する

マーケティングの分析の視点は、105頁でロジーがまりもに説明したように顧客分析（Customer）、競合分析（Competitor）、自社分析（Company）の3つがあり、その頭文字をとって3C分析と呼ばれます。自社を取り巻く環境を整理し、新たな戦略を立てたり、計画を見直したりするための手法として広く知られています。

**顧客分析（Customer）では、自社の顧客について分析します。**年齢、性別、職業、所得、学歴等の統計的な情報から、ライフスタイルや住所、購買頻度、購買理由といったさまざまな情報を収集し整理します。

**競合分析（Competitor）は自社のブランドや商品と競合する企業の分析です。**新たに参入を予定している企業や、代替となりうる商品を持つ企業も対象となります。

一方、**自社分析（Company）は自社が持つリソースについての分析です。**社内資源と市場での地位の2つの側面から理解することが必要になります。社内資源では、人的リソース、資金力、技術力、ノウハウ等の蓄積等を、市場での地位では、消費者の認知、ブランド力、市場シェアなどを分析します。

## 3C分析

| 名称 | 分析対象 | 概要 | 内外区分 |
| --- | --- | --- | --- |
| 顧客分析 | 顧客<br>Customer | 自社の顧客について分析する。年齢、性別、職業、所得、学歴、ライフステージ等の統計的な情報から、ライフスタイルやパーソナリティなどはもちろん、どこに住んでいるのか、商品の購買頻度は、購買理由は、といったさまざまなことについて、情報を収集し、分析を行う。 | 外部要因 |
| 競合分析 | 競合相手<br>Competitor | 自社のブランドや商品と競合する品揃えを持つ企業についての分析。この時、新規参入を予定している企業や、自社商品の代替商品となりうる商品を持つ企業の分析も必要。<br>また、市場のとらえ方によっては、全く別分野の企業が競合となる可能性も考えなければならない。たとえば、週刊誌のライバルとして、携帯電話やポータブルサイズのゲーム機等。 | 外部要因 |
| 自社分析 | 自社の実力<br>Company | 自社が持つリソースについての分析。「社内資源」と「市場での地位」の2つの側面から理解することが必要になる。<br>社内資源では、人的リソース、資金力、技術力、ノウハウ等の蓄積等を、市場での地位では、消費者の認知、ブランド力、市場シェアなどを分析する。 | 内部要因 |

## 02

# 自社の強みと弱み、外部からの機会と脅威を押さえる

おもに自社にフォーカスして、自社の内部環境の状況と外部環境の変化を同時に整理するためのツールとして**ＳＷＯＴ分析**があります。どんな企業でも、他社と比べて**強み（Strength）**の部分と**弱み（Weakness）**の両面を持ちます。それを取り巻く外部環境の変化には、ビジネス拡大の**機会（Opportunity）**になる場合と**脅威（Threat）**となる場合があります。これら4要素の頭文字をとったのがＳＷＯＴ分析です。

まず、内部環境として、強みと弱みを整理します。たとえば、たまやでは、老舗のブランド、素材へのこだわり、職人による手作りなどがお客様に訴求できる強みとなり得ます。しかし、同時にこれらによって1日の生産量の限界が生まれ、原価率を引き上げる弱みにもなります。一方、外部環境の変化としては、本物志向という人々の意識の変化にチャンスがありそうです。その一方で、信頼がおける安心な原材料への引き合いが強いことからの原材料価格の高騰、メイン顧客の減少などが脅威となるでしょう。

これらに加えて、内部環境の弱みとしてのマーケティング不在、外部環境の変化として大手ライバルからの攻撃に対する早急な対策が必要となりそうです。

## 外部環境と内部環境の変化による プラスとマイナス

| | 「プラス」の側面 | 「マイナス」の側面 |
|---|---|---|
| 「内部環境」に起因する | 強み（Strength） | 弱み（Weakness） |
| 「外部環境の変化」に起因する | 機会（Opportunity） | 脅威（Threat） |

## 「たまや」のSWOT分析

**Strength（自社の強み）：**
老舗というブランド、素材へのこだわり、職人による手作り

**Weakness（自社の弱み）：**
規模が小さい、生産量が限られる、高い原価

そしてマーケティングが弱いね

**Opportunity（機会）：**
安心安全な食べ物へのニーズ、本物志向

**Threat（脅威）：**
原材料の高騰、メイン顧客減少

そして、今回のようなライバルからの攻撃ね

# 03

# 内部要因と外部要因を組み合わせて対策を立てる

そのままでは現状整理にとどまるSWOT分析を、戦略などの対策を考えられるように改良したのが**クロスSWOT分析**です。クロスSWOT分析では、SWOT分析で整理された機会と脅威、強みと弱みをマトリクス上で交差させます。内外要因を組み合わせることで戦略的な視点から次の事業への取り組みを考えるツールなのです。

たとえば強みを持つ分野を活かせるような新たな機会が生じた時には積極的攻勢戦略を考えます。また、強みを持つ分野において脅威となる外部環境の変化が生じた時には差別化戦略によっていかに脅威から回避すべきかを考えます。逆に、弱みを持つ分野に対して新たな機会が生じた場合には弱みを克服するための段階的施策戦略を、弱みに対して脅威が生じた場合には撤退戦略を考えるといった具合です。

たとえば、まりものたまやでは、素材へのこだわりから厳選された北海道産の素材を使っており、父をはじめとする職人による手作りであることから、安心な食べ物としての訴求ができそうです。また、明治時代から続くという老舗のブランドは、最近伸びてきたライバルと違って本物だというアピールにもつなげられるはずです。

## クロスSWOT分析

| | | 内部環境 | |
|---|---|---|---|
| | | 強み<br>Strength | 弱み<br>Weakness |
| 外部環境の変化 | 機会<br>Opportunity | **積極的攻勢戦略**<br>自社の強みを、どのような事業機会を取り込むことができるか? | **段階的施策戦略**<br>自社の弱みによって機会をつかみ損ねないか?／それを防ぐためにはどうするべきか? |
| | 脅威<br>Threat | **差別化戦略**<br>自社の強みによって脅威を回避できるか?／他社には脅威でも自社の強みで差別化要因にすることができないか? | **専守防衛または撤退戦略**<br>自社の弱みに対して脅威はどのような影響を与えるのか?／それを防ぐためにはどうするべきか? |

第三者から見た強み弱みを教えてもらったり、機会や脅威をどう考えているのか聞くことで、選択肢がもっと拡がるよ!

## SWOT分析により
## リストアップした項目を展開する（例）

| | | 内部環境 | |
|---|---|---|---|
| | | 「自社の強み」<br>老舗というブランド、素材へのこだわり、職人による手作り | 「自社の弱み」<br>規模が小さい、生産量が限られる、高い原価、マーケティングが弱い |
| 外部環境の変化 | 「機会」<br>安心安全な食べ物へのニーズ、本物志向 | 安心な食べ物との訴求<br>本物アピール | 本物だから、素材にこだわっているから数量限定、納得価格と伝えるマーケティングの工夫 |
| | 「脅威」<br>原材料の高騰、メイン顧客減少、ライバルからの攻撃 | | |

弱みに対しては、それを改善、補強することも大切だけど、ネガティブな言葉をポジティブに言い換えたり、視点を変えることで、うまく対応できることもあるんだよ。

本来は自社の持つ強みがあり、それを後押ししてくれているはずの機会があったにもかかわらず、それをうまく組み合わせて活用できていなかったたまや。そのため、「素材へのこだわりや、老舗であることを知らない人が増えてきており、店の前を通り過ぎるようになっていったのではないか。饅頭を作ることにはこだわりがあるが、売る方にこだわりがない、つまりマーケティングが弱く、商売の工夫が足りなかったのかもしれない……」というように考えを進めていくことができます。

ここまでたどりつけば、自社の強みを活用し強く訴えながら、弱みとなり得る数量や価格の限界についてはポジティブに表現するような商売の工夫を具体的に考えていくことができるようになるのです。

SWOTで現状を整理し、クロスSWOT分析により、次にとるべき戦略が見えてくるようになるのです。

# 04

# 5つの要因に分けて分析する

会社を取り巻く産業構造を理解するための方法として**ファイブ・フォース・モデル**があります。自社を取り巻く状況を、会社が所属する①**業界内の競争業者**との関係や、②**新規参入業者**、③**代替品**の脅威、④**売り手**である供給業者や⑤**買い手**の交渉力の5つの競争要因から説明することで、業界の魅力度等を知ることができます。

たとえば、成長している分野であっても、競合する業者が多ければ、敵対関係が強まり、業界としての魅力は下がります。また、新規参入する企業が多いと、簡単に利益を上げることはできません。反対に、成長が止まった分野であったとしても、業界内の競争があまりなく、新規参入業者が少なければ、たいした努力をしないでも利益を上げることができるといった具合です。

ファイブ・フォース・モデルを使えば、当面取り組むべき最重要要因を特定できます。要因を特定した後は、そこでの競争ルールを利用し、業界構造を自社に有利な方向へ変化させていくのです。

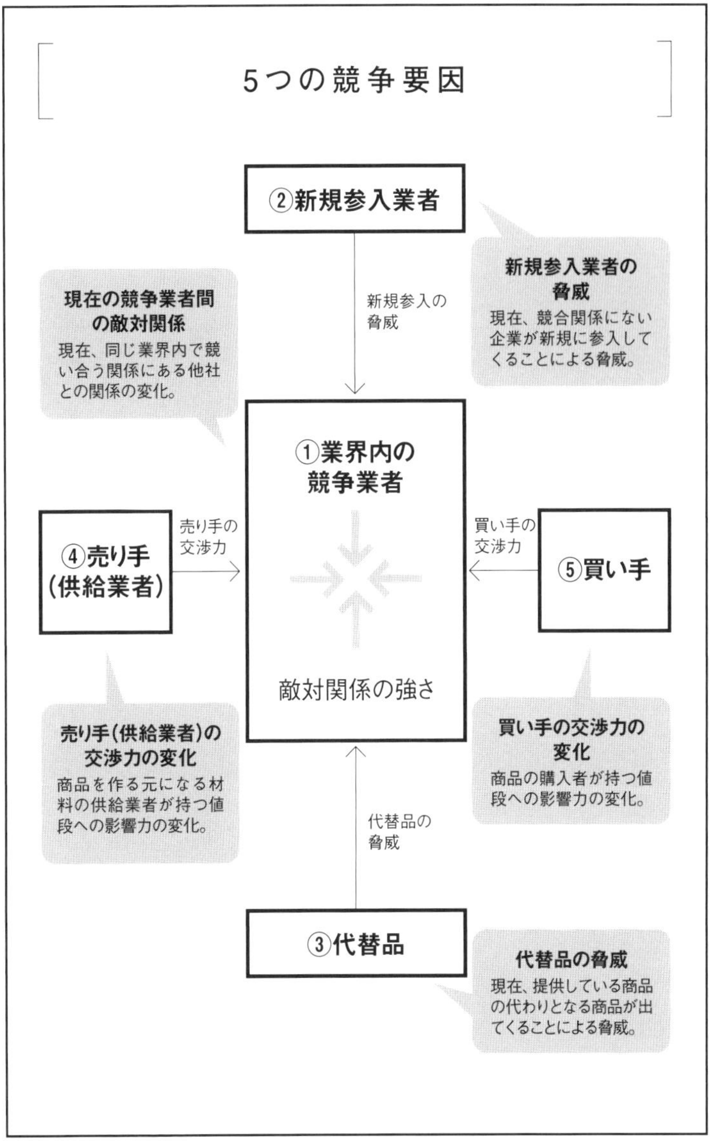
5つの競争要因
②新規参入業者
新規参入の脅威
新規参入業者の脅威
現在、競合関係にない企業が新規に参入してくることによる脅威。
現在の競争業者間の敵対関係
現在、同じ業界内で競い合う関係にある他社との関係の変化。
①業界内の競争業者
敵対関係の強さ
売り手の交渉力
④売り手（供給業者）
買い手の交渉力
⑤買い手
売り手（供給業者）の交渉力の変化
商品を作る元になる材料の供給業者が持つ値段への影響力の変化。
買い手の交渉力の変化
商品の購入者が持つ値段への影響力の変化。
代替品の脅威
③代替品
代替品の脅威
現在、提供している商品の代わりとなる商品が出てくることによる脅威。

# 05

# 「誰に」「何を」「どのように」を決める

ＳＷＯＴ分析等によって、自社がどの分野で活躍するべきなのかを見極めることができたら、自社の生存領域を設定します。この生存領域のことを**戦略ドメイン**と呼びます。

戦略ドメインは、３つの要素から構成されます。「誰に売るのか？」を絞り込む「Ｗｈｏ：標的顧客」、「何を売るのか？」を決める「Ｗｈａｔ：顧客ニーズ」、そして「どのように売る（提供する）のか？」を決める「Ｈｏｗ：独自能力」です。

**内部環境としての強みと弱み、外部環境としての機会と脅威をベースにして決められた「誰に、何を、どのように売るのか」が戦略ドメインとなります。**戦略ドメインが明確になっていれば、実際に個別戦略を立案したり、現場の戦術まで落とし込むのがより簡単になり、また一貫性のあるものとなります。策定された戦略ドメインに基づいて、具体的にどのような準備が必要なのか、また必要な資源（リソース）である人や物、情報、そして資金などのマーケティング施策を決めていくのです。

# 戦略ドメインの策定

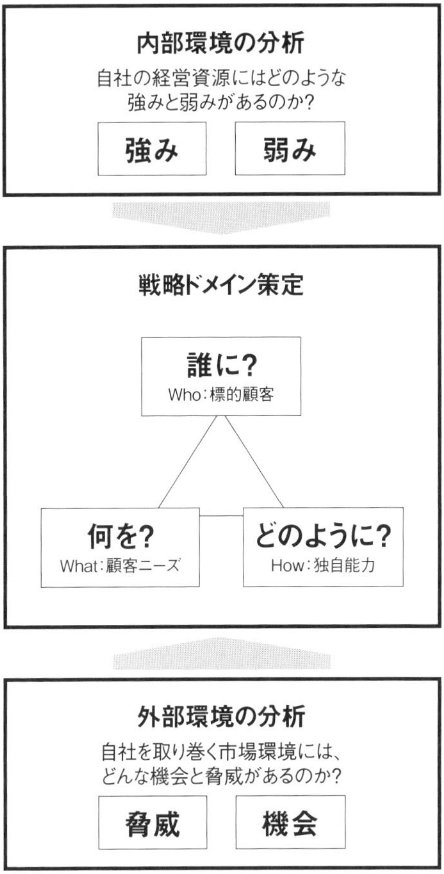
内部環境の分析
自社の経営資源にはどのような
強みと弱みがあるのか?
強み
弱み
戦略ドメイン策定
誰に?
Who：標的顧客
何を?
What：顧客ニーズ
どのように?
How：独自能力
外部環境の分析
自社を取り巻く市場環境には、
どんな機会と脅威があるのか?
脅威
機会

# 06 さまざまなマーケティング戦略

成長、拡大していくための事業が決まったら、競合他社とどのように戦っていくのかを考えなければなりません。競合に対して企業が取るべきマーケティング戦略にはさまざまなタイプがありますが、その中でも代表的なのが次の4種類のマーケティング戦略です。

①**模倣戦略**は、先発企業の製品を模倣することで、新製品開発のリスクを負わずに市場に参入する戦略です。物語の中でエモーがライバルの木座製菓にアドバイスした「王者の模倣戦略」は、ここに位置づけられます。

②**マーケットシェア戦略**は、特定市場での市場占有率に着目した戦略です。新製品の導入や広告宣伝費の増強でシェア拡大を狙う**市場占有率拡大戦略**が基本となります。

③**セグメンテーション戦略**では、市場を小さなセグメントに分割することで、最適なマーケティング活動をめざします。

④**（製品）差別化戦略**は、製品の独自性で競合に対する優位性、差別性を生じさせ、自社シェアの拡大を図る戦略です。価格競争を避けるためには、商品戦略だけでなく、流通戦略やプロモーション戦略なども絡めた多面的な検討が必要になります。

## 4種のマーケティング戦略

| 戦略 | 概要 |
|---|---|
| ①模倣戦略 | 先発企業の製品を模倣することで、新製品開発のリスクを負わずに市場に参入する戦略。低価格戦略、模倣・改良戦略、市場力活用戦略の「3つの創造的模倣戦略」が代表的。 |
| ②マーケットシェア戦略 | 特定市場における企業の市場占有率に関わる戦略。新製品の導入や広告宣伝費の増強によってシェアの拡大を狙う「市場占有率拡大戦略（シェア獲得）」が基本となる。<br>なお、現在のシェアを死守することに専念する市場占有率維持戦略（シェア維持）、収穫戦略、撤退戦略などを含めて「4つのマーケットシェア戦略」と呼ぶ。 |
| ③セグメンテーション戦略 | 何らかの基準を設けて、市場を小さなセグメントに分割し、各セグメントに最適なマーケティング活動を行う「市場細分化戦略」や、その中の特定のセグメントに最適なマーケティング活動を行う「特定市場集中化戦略」などがある。<br>現在では、複数のセグメントへの対応は煩雑であり、企業の資源（リソース）が足りなくなる可能性があるため、大半の企業は特定市場集中化戦略を取る。 |
| ④（製品）差別化戦略 | 製品の独自性で、競合製品に対する優位性、差別性を生じさせ、自社シェアの拡大を図る戦略。価格による競争を避けるためには、商品戦略のみでなく、流通戦略やプロモーション戦略も十分に検討されなければならない。<br>実際には「4P」における個別の戦略や戦術により実現される。 |

## 07

# 競争優位を築くために

4種のマーケティング戦略をベースとして、ポーターにより提案されたのが**「3つの基本戦略」**です。業界内の他社に対して競争優位を打ち出すには、製品の独自性を打ち出すことで競争優位を目指す**差別化戦略**と、生産等のコストを下げることで競合より安い値段で提供し競争優位を目指す**コストリーダーシップ戦略**が基本とされます。

ここでポイントとなるのが、製品の独自性による差別化を実現するためには、その製品の開発に多額の費用（コスト）が必要になることです。差別化を図ろうとするとコストアップとなり、コストを下げようとすると差別化が難しくなるのです。

この戦略はシェアトップクラスの企業にしかあてはまらないわけではありません。たとえシェアの低い企業であっても、セグメントを絞り込み、限りある資源を有効に使えば、**差別化集中戦略**または**コスト集中戦略**による競争優位を目指すことができます。

物語中のたまやがライバルに対して競争優位を打ち出そうとして、狭いセグメントで商品差別化により実現される差別化集中戦略を目指すのは当然の流れといえるかもしれません。

# ポーターの3つの基本戦略

**差別化戦略**

製品の独自性を打ち出すことで競争優位の獲得を目指す戦略。技術のほか、ブランドイメージやサービスでの差別化などがある。

**コストリーダーシップ戦略**

製品の生産コストを下げることで、競合先より安い値段で提供し、競争優位の獲得を目指す戦略。規模のメリットが生じやすい大企業に向く。

**集中戦略**

**差別化集中戦略**

特定のターゲットに集中することで限りある資源を有効に使おうとする戦略。その特定のターゲットに対して差別化戦略をとる。

**コスト集中戦略**

特定のターゲットに集中することで限りある資源を有効に使おうとする戦略。その特定のターゲットに対してコストリーダーシップ戦略をとる。

# 08

# 市場の地位で戦い方が変わる

企業がお互いにどのような競争地位関係にあるのかに基づいて整理したのが、フィリップ・コトラーの**競争地位別戦略**です。

人・モノ・金・情報等のあらゆる経営資源に着目した戦略構築のツールです。「相対的質的経営資源」の充実度の高低と、「相対的量的経営資源」の大小の2つの軸によって、4つのマトリクスを作っています。そしてマトリクスごとに別々の戦略が必要だとして、それぞれに名前を付けています。

業界のトップで業界をリードするリーダーは、市場全体の拡大や、他社との競合を避ける戦略が中心になってきます。リーダーを狙うチャレンジャーは、差別化や市場細分化などにより限られた分野に集中し、シェア拡大を目指します。一方、ニッチャーでは、商品数を絞り込んだり、限られた分野に集中し、技術力等を活かす戦略が中心になります。そして、フォロワーでは、リーダーやチャレンジャーが成功した路線を模倣し、価格の安い製品を提供するという戦略により、利益の追求を目指すことになります。

自社の経営資源によって、取るべき戦略が変わってくるのです。

# 競争地位

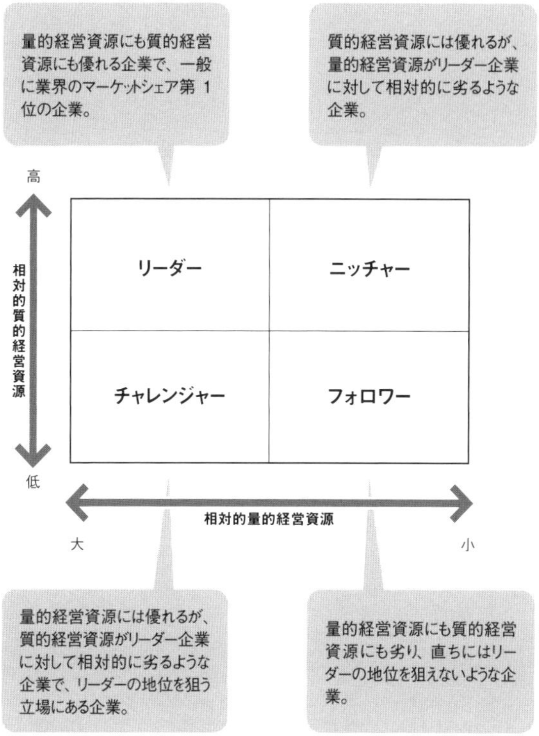
量的経営資源にも質的経営資源にも優れる企業で、一般に業界のマーケットシェア第 1 位の企業。
質的経営資源には優れるが、量的経営資源がリーダー企業に対して相対的に劣るような企業。
高
相対的質的経営資源
低
リーダー
ニッチャー
チャレンジャー
フォロワー
相対的量的経営資源
大
小
量的経営資源には優れるが、質的経営資源がリーダー企業に対して相対的に劣るような企業で、リーダーの地位を狙う立場にある企業。
量的経営資源にも質的経営資源にも劣り、直ちにはリーダーの地位を狙えないような企業。

## 競争地位別戦略

| | 課題 | 企業の状況 | 戦略 |
|---|---|---|---|
| リーダー | ・シェアの維持拡大<br>・さらなる利潤の追求<br>・幅広い名声の確保 | ・量的経営資源にも質的経営資源にも優れる企業。<br>・一般に業界のマーケットシェア第1位の企業。 | 市場全体の拡大を図り、他社との競合を避ける戦略をとる。 |
| チャレンジャー | ・シェアの拡大 | ・量的経営資源には優れるが、質的経営資源がリーダー企業に対して相対的に劣るような企業で、リーダーの地位を狙う立場にある企業。<br>・通常は業界の2〜4位企業を指す場合が多い。 | 差別化や市場細分化などにより限られた分野に集中する戦略をとる。 |
| ニッチャー | ・利潤の追求<br>・特定の名声の確保 | ・質的経営資源には優れるが、量的経営資源がリーダー企業に対して相対的に劣るような企業。 | リーダーのようなフルライン政策や量の拡大を狙わず、リーダーが興味を持たない、限られた分野で優れた技術力を発揮させる戦略をとる。 |
| フォロワー | ・利潤の追求 | ・量的経営資源にも質的経営資源にも劣る企業。<br>・直ちにはリーダーの地位を狙えないような企業。 | リーダーやチャレンジャーが成功した路線を模倣することによりコストダウンを図る戦略をとる。 |

# Part 5

# そもそも誰に売るのかを考える

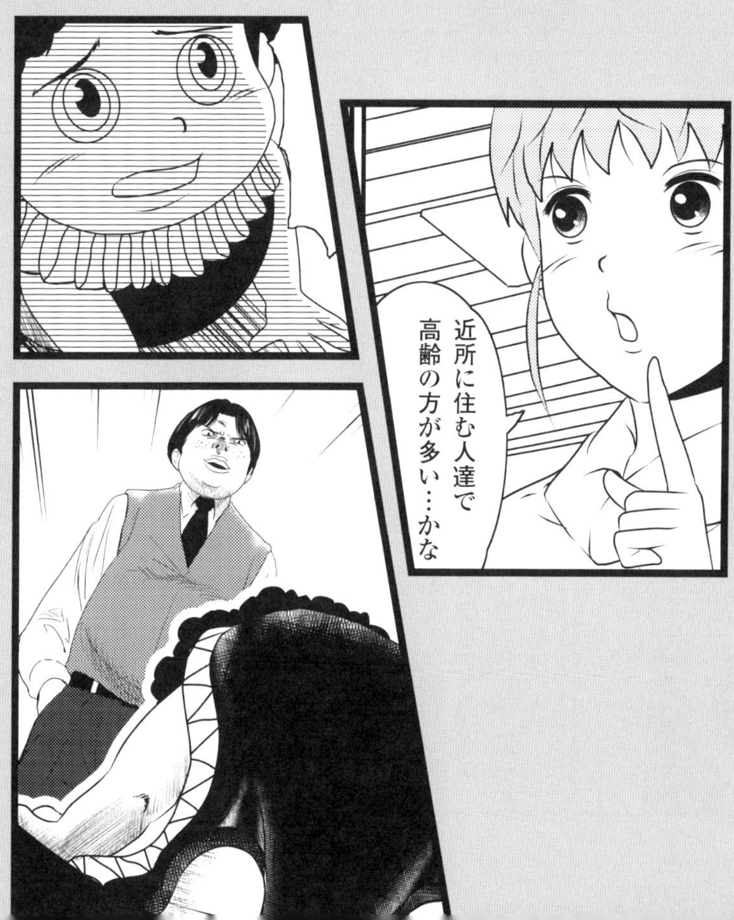
近所に住む人達で
高齢の方が多い…かな

たまやの新しいお客様って？
Story 5
たまやの商品のことその良さを伝えなければいけないのはわかったんだけど
いったい誰に伝えたらいいのかしら
だって常連さんはそのことをすでに知っているはずよ
お店に来たことがない人にどうやって伝えるの？
ちょっと待って新規のお客様ってどこにいるの？
お店に来たことがない人にどうやって伝えるの？
前にエモーに教わったやり方ではお店がぐちゃぐちゃになるだけだし
もう頭がパンクしそう!!
お 落ち着きなよって！

じゃあ順番に新規顧客の開拓を考えていこう
まず既存のお客様っていうと誰だい？
基本は昔からの常連さんだけど
近所に住む人達で高齢の方が多い…かな
私が子供の頃にはもう常連として来ていた人達が多いわね
ではこのお店の常連さんは昔から年寄りばかりだったのかい？
ということはある程度若い層を獲得しないとじり貧ということ！若い人を取り込まないといけないわ！

若い人といっても範囲は広いよねもっと絞り込まないと
あまりにもいろんな若い人が来たらお店の雰囲気がばらばらになってしまうし…前回みたいに長続きしないよ
この前兄妹が来ていたじゃないそれもおばあちゃんと食べるためにって
そんな家族の仲を取り持つ家族のいこいの時間にそばにあるものになればうれしいんだけど
じゃあどのような層を狙うべきかマーケティングのSTPで考えてみよう
マーケティングのSTP?
STPとはセグメンテーションターゲティングポジショニングの組み合わせのことだ
どこの市場にいるどの生活者に商品の特長をどのように伝えるかを決める
「商品とお客様のつなぎ方」の戦略構築だ
S
セグメンテーション
顧客ニーズに基づく市場のグループ化
T
ターゲティング
参入する市場の絞り込み
P
ポジショニング
商品の位置づけ決定

まずは定番の
まりも饅頭について
考えてみよう
すでに売ろうとする
商品があるので
「商品ありき」での
セグメンテーションと
ターゲティングを考えるんだ
まずは商品の特徴は？
素材の
安心安全と本物
それに和菓子だから
お茶に合うわ
次に
どのようなお客様に
来てほしいのか？
まりもは
どんな人達に
まりも饅頭を買って
もらいたいんだい？
うーん…
エモーの工夫で
お客様がたくさん
来ていた時
いろいろな人が
いたよね
どんな人達
だったのか
思い出してみて
平日の昼間は
若いカップル
社会人ではない
若者グループ
主婦や職場で
食べるのか
OLらしい人も
いたわね
夕方は
仕事帰りの
人達
そして
ドライブの途中に
立ち寄る家族連れもいたわ

そう いろいろな お客様がいたよね
独身の若年層
ファミリー層
高齢者層
若者グループ
たとえば独身の若者 ファミリー層 高齢者層 若者グループなど こんなふうに グループに分けることを セグメンテーションと言うんだ
この中でまりも饅頭を 定期的に 買ってくれそうな 人達は誰だい？
若い人は1回は 食べたとしても なかなか次につながらないわ
チョコレートや スナック菓子に比べて 日持ちもしないし独身の 一人暮らしじゃそう気軽に 食べそうもないし…
だとすると 日常的にお茶を飲む人達で
高齢者層
やっぱり高齢者が メインターゲットであることは 間違いなさそうだ
じゃああの子供達みたいな ファミリー層を取り込む ことはできないの？
今の定番の商品での 「商品ありき」での 考え方だと難しい かもしれないね

あ…！　でも
最近この近くで
宅地開発が進んでいるから
若いファミリー層が
増えているじゃない
この層を
取り込めないかな
ファミリー層であれば
親の食の安心安全への
関心も高いはずよ
それに
あの子達みたいに
おじいちゃん
おばあちゃんとの
つながりもありそうだし
となると…
これはもうターゲットを
絞っての「市場ありき」
での商品開発となるね
ターゲットは
ファミリー層
セグメントになる!!
つまりはそのファミリー層が
欲しがるような商品を
開発する必要があるって
ことだ!!
たまやの定番だけでは
ファミリー層にアピール
するには弱いということね
だんだん
この店の問題点が
整理されてきたわ
ずばり！

今うちに必要なのは新商品なのよ!
……
でも…いったいどんな商品を開発すればいいのかしら
木座製菓　株式会社
いやあ…エモーくんはすごいね
彼が来てからうちの業績はうなぎのぼりだ
社長の信任も勝ち取ってるしね
女性社員からも絶大な人気だしすごいなー
なんだよみんなエモーエモーって!
つれてきたのは僕じゃないか!

あいたっ！
ガツン
なんだよ いきなり！
君の役目は終わったよ 僕はまりもの店を追い込みたかっただけなんだ

ここからは 再び僕のやり方で行く 君は用済みだ！

はーっ はっはっは！

あれ、そういえば エモーは？
もう！ これから 大変だって時に どこほっつき 歩いてんのよ！

# 01

# 商品とお客様をつなぐ「STP」

この章で説明していくSTP（セグメンテーション、ターゲティング、ポジショニング）は、商品を買ってもらうために、どこの市場にいるどの生活者に、どの商品を、どのようなイメージで伝えるかという**「商品とお客様のつなぎ方」の戦略**となります。

このSTPを固める時に注意が必要なのが、物語でロジーが説明している「商品ありき」、「市場ありき」の考え方です。商品を売ろうとする会社の状況はさまざまです。以前から扱っている商品や開発先行で生まれた商品を何とかして売らなければならない会社の場合は、その商品を前提とした「商品ありき」でのSTPを考える必要があります。

逆に売るものは決まっていない、または新商品を開発するところから考えるようなケースでは、先に有望な市場を見つけ、それに合わせた商品の選定や開発を行う「市場ありき」の考え方でSTPを決めていくことになります。**会社が置かれている状況によって、商品の存在を前提とした市場の決定である「商品ありき」と、有望そうな市場に合わせた商品開発である「市場ありき」を使い分ける必要があるのです。**

# セグメンテーションのプロセスと2つのSTP

| STEP | プロセス | 概要 |
| --- | --- | --- |
| STEP1 | ターゲット市場の決定 | どのようなメリットを提供しうるのかをベースに、アプローチ方法やマーケティング・ミックスを決定する。 |
| STEP2 | セグメンテーションのための変数の決定 | 特定のニーズを持つターゲットを切り出すための方法を決定する。 |
| STEP3 | セグメントの輪郭を作る | 人口統計的、地理的変数から、買い手の行動や反応まで浮かび上がらせる。 |
| STEP4 | セグメントに狙いを定める | 自社の資源やライバル企業の状況に合わせて、ベストな大きさ、そして可能性が高いセグメントに絞り込む。 |
| STEP5 | マーケティング・プランを立てる | ここまでのプランに基づいて、4P（→Part4参照）等の実行プランを練り上げる。 |

| 分類 | 状況 | 進め方 |
| --- | --- | --- |
| 商品ありき | すでに開発済みの商品を他の市場へ展開させなければいけない | まずセグメンテーションによりターゲットを仮設定し、ターゲットに合わせてコンセプトに調整をかけていく。すでにある商品を目の前に置き、設定したターゲットが好むであろう商品コンセプトを練り上げていく作業。これに合わせて商品のポジションも変える。ターゲットとポジション、そしてコンセプトをお互い密接に関係させ、整合性を持たせながら調整していく。 |
| 市場ありき | まず市場の存在を見つけてから、商品を開発する | 新たに商品を開発するために、まず「どのような生活者が」「何のために」商品を購入するのかを考える。この時に役立つのが「ポジショニングマップ」である。消費者の頭の中にある比較基準を具体的な図にすることで、満たされていないニーズがある市場を見つけ出す。 |

## 02

# 似たような生活者を括り出す

新規に商品を開発する時はもちろん、すでに開発済みの商品がある「商品ありき」の場合、特に重要になるのがセグメンテーションです。「誰に売れば、喜んでもらいながら効率よく買ってもらえるのか？」を考え設定します。

現在、あらゆる分野で数多くの企業がひしめきあい、また生活者のライフスタイルが多様化していることから、ひとつの商品で全生活者のニーズやウォンツを満たすことができなくなっています。このため、多くの企業が対象とする生活者を絞り込んでビジネスを展開しています。競合他社との差別化を図るために、生活者がいる市場をグループ分けし、特定のグループのみを対象としてビジネスを展開するのです。

このように**市場をグループ分けすることをセグメンテーション（市場細分化）と呼び、分かれたグループのことをセグメントといいます。このセグメントを設定することが、企業や商品と生活者層をうまく結ぶために、非常に重要なテーマになります。**せっかく良い商品やサービスを提供していても、適切でないセグメントを設定してしまえば、商品を喜んで買ってもらうことができなくなるからです。

## セグメンテーションの例（年齢で分けた場合）

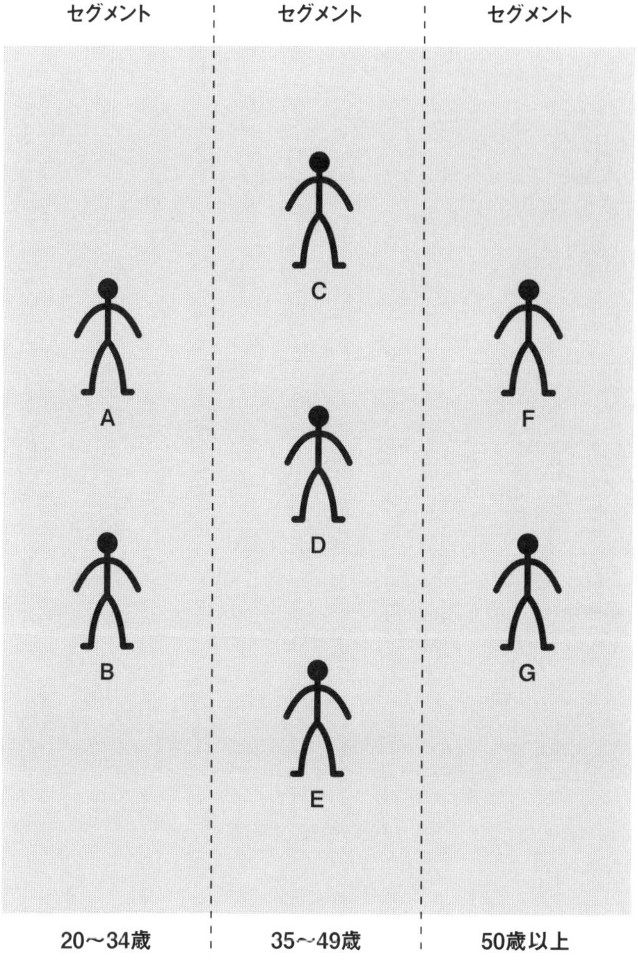
セグメント
セグメント
セグメント
A
B
C
D
E
F
G
20〜34歳
35〜49歳
50歳以上

物語の中でロジーが、お客様を、「独身の若者層、ファミリー層、高齢者層、若者グループ」と大きく4つに分けていたように、自社で提供する商品を利用する生活者を観察したり、調べたり、想像することで、生活者を複数のグループに分けることができます。分けられたグループの中から、商品やサービスを買ってもらうグループを選ぶことで、それに合わせて関連する戦略や戦術を決めていくことができるようになるのです。

そのセグメンテーションした結果に基づいて商品開発、販売を行う対象を絞ることをターゲティングと呼び、大きくは3つのタイプに分かれます。

セグメンテーションを一切考慮しないで、全セグメントを対象にするやり方である無差別型マーケティング、各セグメントそれぞれに適切なマーケティング・ミックスでアプローチする差別型マーケティング、特定のセグメントにだけ特化してマーケティング・ミックスを展開し、他のセグメントには手を出さない集中型マーケティングです。

## 3つのターゲティング

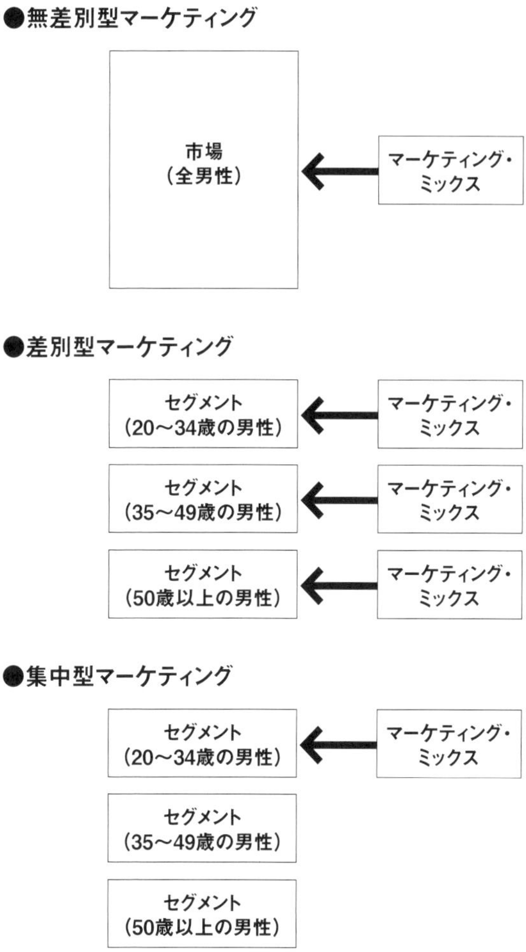
●無差別型マーケティング
市場
（全男性）
マーケティング・
ミックス
●差別型マーケティング
セグメント
（20～34歳の男性）
マーケティング・
ミックス
セグメント
（35～49歳の男性）
マーケティング・
ミックス
セグメント
（50歳以上の男性）
マーケティング・
ミックス
●集中型マーケティング
セグメント
（20～34歳の男性）
マーケティング・
ミックス
セグメント
（35～49歳の男性）
セグメント
（50歳以上の男性）

現在では、ごく一部の大企業をのぞき、ほとんどの企業は集中型マーケティングにより、自社の規模に合ったマーケットに集中的に投資し、売り上げを立てようと必死になっています。まりも達のように、まずは反応が良さそうな相手に絞り集中した商品開発、販売促進を進めていくのです。

このように大切なセグメンテーションには、住んでいる場所などの**地理的変数**、年齢や性別など**人口統計学的変数**、ライフスタイルや価値観等の**社会・心理的変数**、そして、お店や商品の購入頻度といった**行動変数**などから分類します。さまざまな分類変数の中から、その時に最適な要素により市場を切り分けるのです。

適切なセグメンテーションと市場のニーズを満たす商品の開発やマーケティング施策の展開は、ヒットにつながる確率を上げるでしょう。

なお、生活者がいる市場を対象にする場合は市場セグメンテーション、顧客を対象にする場合は顧客セグメンテーションという具合に使い分けます。

## セグメンテーションとターゲティング（例）

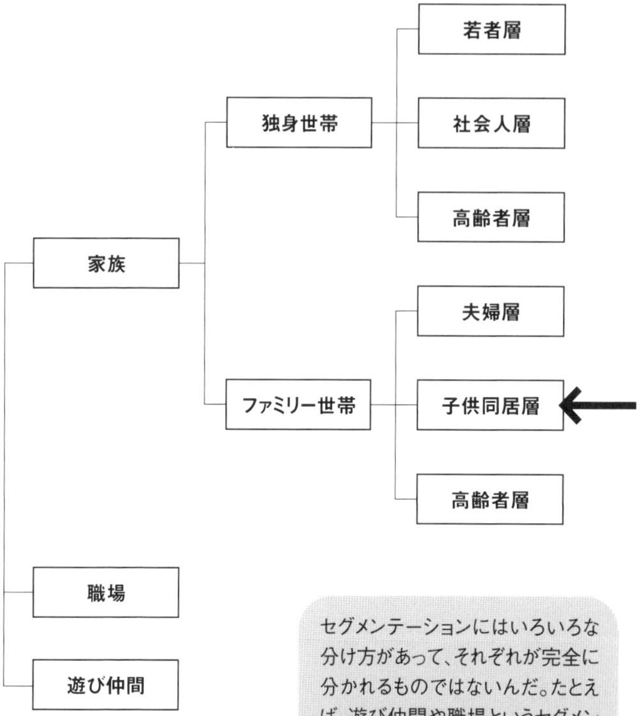
家族
独身世帯
若者層
社会人層
高齢者層
ファミリー世帯
夫婦層
子供同居層
高齢者層
職場
遊び仲間

セグメンテーションにはいろいろな分け方があって、それぞれが完全に分かれるものではないんだ。たとえば、遊び仲間や職場というセグメントに属する人達も、家族というセグメントの中にも入ってくるよね。そこで、ここでは生活の単位である同居家族をベースにそれを分解していくことで、子供同居層というセグメントに絞り込んでいるんだ。

## 03

# 生活者の認知をマップにしてみる

顧客が、自社の商品やサービスを競合商品と比較し、どのように位置づけているのかを明確にするのが**ポジショニング**です。すでに販売しようとする商品が決まっている場合はもちろん、まず市場の存在を見つけてから、そこをターゲットにした商品を開発する「市場ありき」の場合、特に重要になります。

新たに商品を開発するためには、まず「どのような生活者が」「何のために」商品を購入するのかを考えなければなりません。この時に役立つのが**ポジショニングマップ**です。生活者の頭の中にある比較基準を具体的な図にすることで、満たされていないニーズがある市場を見つけ出すのです。

ここでは例として、車のマーケットに関するポジショニングマップを作ってみました。環境問題や都市部での取り回しに関連する車のサイズと、居住性や快適性に関係する室内の広さを軸としてとっています。昔のポジショニングマップでは右の下が空いています。この隙間向けに開発されたのが普及著しいコンパクトカーだったのです。

## 車の形状別の分布
## ポジショニングマップの例

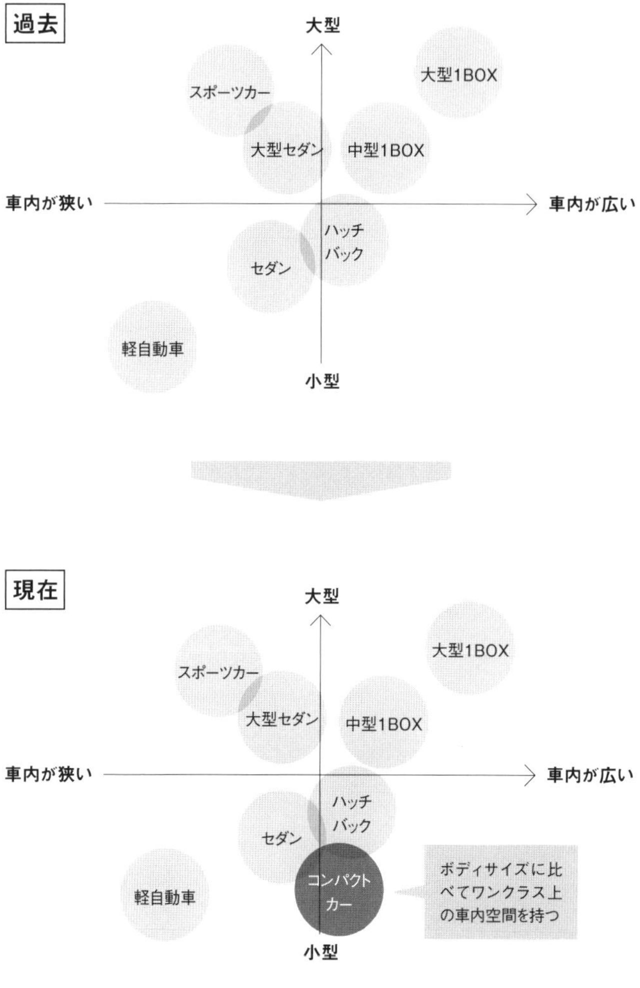
過去
大型
小型
車内が狭い
車内が広い
スポーツカー
大型1BOX
大型セダン
中型1BOX
ハッチバック
セダン
軽自動車
現在
大型
小型
車内が狭い
車内が広い
スポーツカー
大型1BOX
大型セダン
中型1BOX
ハッチバック
セダン
コンパクトカー
軽自動車
ボディサイズに比べてワンクラス上の車内空間を持つ

# 04 ターゲットが変わるとコンセプトも変わる

**商品コンセプト**とは、開発から販売まで全てにおいて一貫性を持たせるための骨格となる概念のことです。

新たに商品を開発する「市場ありき」の場合には、ポジショニングマップ等によりターゲットとポジションを設定しながら、商品コンセプトの決定を含めた商品の開発に入っていきます。

しかし、すでに開発済みの商品を他の市場へ展開させなければいけない「商品ありき」の時には、まずセグメンテーションによりターゲットを仮設定し、ターゲットに合わせてコンセプトに調整をかけていくことになります。すでにある商品を目の前に置き、設定したターゲットが好むであろう商品コンセプトを練り上げていく作業です。これに合わせて商品のポジションも変えることになります。**ターゲットとポジション、そしてコンセプトをお互い密接に関係させ、整合性を持たせながら調整するのです。**

153頁の図にあるコーヒー飲料の例では、違うターゲットに売るための、各層にマッチしたコンセプト例を示したものです。各ターゲットに最適なコンセプトを見つけ出した

# 相互の整合性が重要

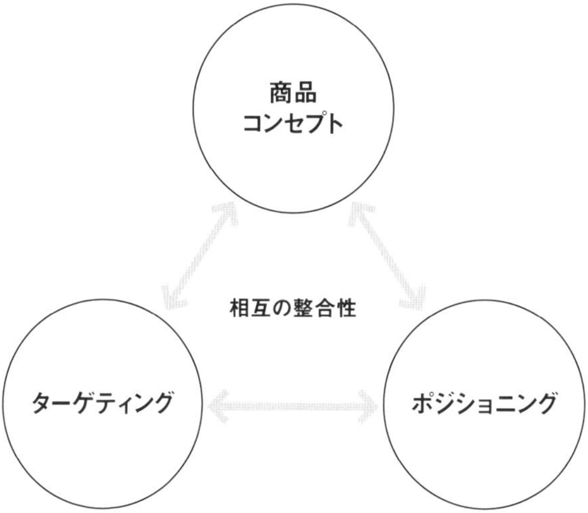
商品
コンセプト
相互の整合性
ターゲティング
ポジショニング

商品を作るメーカーでは、「市場ありき」で自分達が押さえたいマーケットに合わせて商品を生み出すよ。小売の場合は、他のメーカーが作っている商品について「商品ありき」のスタンスで、見せ方、伝え方に工夫を加えることが多いんだ。

ら、それに合わせて、商品名、商品のパッケージやサイズ、販売ルート、価格はもとより、商品の味や添加する素材等のいくつかに手を加えていくのです。

このように、商品開発において、ターゲティングと商品コンセプト、そしてポジショニングは密接な関わりを持ちます。

販売する商品が決まっている場合、使わなければならない素材が決まっている場合のような「商品ありき」のケースから、立地やマーケット規模、既存の販売ルートの関係から狙いたい、または狙うべきターゲットが先に決まっている「市場ありき」の場合まで商売やビジネスを取り巻く状況はさまざまです。そして、これらは企業ごとの前提条件となるものです。それぞれの状況に応じて、商品の開発、ターゲットの設定し直し、商品のコンセプトの変更、ポジショニングの探索等の作業が必要になってくるのです。

このような商品コンセプトとターゲティング、ポジショニングとの整合性の確認が終わったら、細かく商品を構成する要素を決定していきます。その時に必要となる要素の組み合わせであるマーケティング・ミックスについては次章で学んでいきましょう。

## ターゲットが変わるとコンセプトも変わる

| ターゲット | コンセプト(例:コーヒー飲料) |
|---|---|
| 会社勤めの人々(朝) | 朝専用。これで眠気もすっきり |
| 高齢者 | 和食や和菓子に合うコーヒー |
| コーヒーヘビードリンカー | カフェイン抑えめ、飲み過ぎて大丈夫 |
| オフィスワーカー | 大事なプレゼンの前のリラックス飲料 |
| 肉体労働者 | 午後からガツンと気合いを入れるために |
| 若い女性 | 脂肪を分解し、エネルギー消費を高めるダイエットサポート飲料 |
| アスリート | 集中力アップと筋肉痛の予防に |
| ドライバー | 眠気対策にこの一杯 |
| ストレスを感じている人 | うつの予防効果で、やる気もばっちり |
| 中高年男性 | 二日酔いの頭痛に効く |
| 中高年女性 | 老化を促進する活性酸素を押さえる |

Column2

# 生活者を絞り込むための原則

セグメンテーション（市場細分化）を行う時に守らなければならないのが「市場細分化の原則」です。４つの観点からの可能性が十分でないと、せっかく細分化しても、実際のマーケティング施策に活かすことができません。そればかりか事前のマーケティング・リサーチにおいてもまともな調査結果を出せず、経費の無駄遣いになってしまいます。

セグメンテーションを行う際はもちろん、その前のマーケットリサーチの段階から、これらの可能性を十分確認する必要があるのです。

## ■市場細分化の原則

| 原則 | ポイント | ダメな例 |
| --- | --- | --- |
| 測定可能性 | 実際に測定できるか | たとえば、心理的変数で、「大の車好き」という分類で括ろうとしても、人によって車好きの評価が異なる。そのため、「どのような車が好きなの」、「車に何を求めているのか」といった内容がバラバラになってしまい、市場自体の測定が難しい。 |
| 到達可能性 | 実際に、分類された層にアプローチできるのか | 国の統計調査などから富裕層の定義をしたとしても、その定義に合う人達が、実際にどこにいるのかわからないのであればアプローチできない。実際に、訪問することも連絡することもできないのであれば、商売にならない。 |
| 維持可能性 | 十分な大きさの市場があるか（利益、反応、長期的安定性） | リピート商材でもないのにニッチな市場を選び、ターゲットとなる人々が少なければ、企業が存続し続けるだけの売り上げや利益が確保できない。 |
| 実行可能性 | 実行できるのか | 全世界で、日本のヘルシーな食事に関心を持つ人々に、日本産の高級ヘルシー食材を売ろうとしても、物流の時間やコストを考えると、明らかに困難。 |

# Part 6

# 4Pを決める

ったく
お前ら素人だけで
作れんのかい
新商品の開発を
するんだってね
お母さん達も
手伝うわ
…うん
いいこと思いついた!!

一時のブームもすっかり過ぎ去り
プチまりも饅頭を作ろう！
Story 6
店には常連さんが戻ってきているものの以前のように閑散としています
ただひとつ希望の光とも言うべきなのが
ごく少数であるものの今回のブームでたまやを知った一部の若い家族連れがリピーターとなっているくらいで…
マーケティングの考え方は少しずつわかってきたわ…
バラバラのパーツがつながりつつある感じ…あとは
新しい顧客をつなぎとめるために…
新商品を開発しなきゃ…！

まりもー電話よ
東京の山崎さんって方からよ
…？
岡島君からこちらだと聞いたんだ あれから長期休暇とっているだなんて…びっくりしたぞ！ すまない…誤解だ あの時は本当にやめろと思っていたわけじゃないんだ
部長ッ！
…帰ってきなさい
君のプロジェクト…確かにまだまだ詰めが甘いところはある…でももう一度見直そうじゃないか
…部長…
…よかった…私まだ見捨てられてなかったんだ…

でも…！
部長…すみません
あともう少し
あともう少しだけ
まってください
私、何かがつかめそうなんです！
私は今まで「自己満足の範囲内」でしか仕事をしてなかった
今のまま会社に戻ってもまた同じことを繰り返すだけだ
相手に喜んで満足してもらえるようなものをみつけるのにはさまざまな方法と考え方が必要と知った
会社に戻る前に自分なりの答えを出したい
私が考える…商品…
私が考える答えをこれで導き出さなきゃ！
まりも

ったくお前ら素人だけで作れんのかい
新商品の開発をするんだってねお母さん達も手伝うわ
難しいことはよくわかんねえがお前達がこの店のことを真剣に考えてくれてるって気持ちは伝わった
そういうことなら俺にも協力させてくれ
お父さんもねあなた達の努力を認めてくれたのよみんなで考えましょ
お父さん…お母さん…
うん!!
そうだ…私達で力を合わせて新しい商品を開発するんだ!

見て！
父さん達と一緒に
新商品考えたの！
とうもろこし入り
まりも饅頭よ！
………
食べてみて！
……な
なにこれ……
だめ？
じゃあこれは？
ちょ ちょっと
待ってよ まりも…
アスパラ
入り！
食感が悪い……
にんじん入り！
にんじん嫌い！
死亡…
コーンポタージュ
味はっ!?

えーい チーズはどう!?
あ…うん
これは…おいしいね
残ったのは これね
メロン
ワイン
ごま
イチゴ
チーズ
抹茶
くるみ
うめ
じゃあこれから マーケティングの 4Pの観点から ひとつずつ 考えていこう
美味しそう…

4Pって?
4Pとは
商品を提案する時に
必要となる要素の
組み合わせなんだ
すでに決めたターゲットに
合わせて次の4要素を
決めていくんだ
ターゲットになるのは
ファミリー層だから…

| | |
|---|---|
| **商品戦略**<br>Product | 品質、製品の種類、デザイン、特徴、ブランド名、パッケージング、大きさ、サービス、保証、返品 |
| **価格戦略**<br>Price | 希望価格、値引き・割引、優遇条件、支払い期限、信用取引条件 |
| **流通戦略**<br>Place | チャネル、運送、在庫、流通範囲、立地、品揃え |
| **プロモーション戦略**<br>Promotion | コミュニケーション・ミックス:販売促進(SP)、広告(AD)、広報(PR)、セールス・フォース、ダイレクト・マーケティング、オンライン・マーケティング |

マーケティング戦略においては
望ましい反応を市場から
引き出すために
この4つのPを組み合わせて
戦略を考えるんだ
ふうん…
ひとつずつ
考えていこう

うーん…新しい饅頭で
定番だけでは難しかった
新規顧客開拓につなげる
ことができないかしら…
ひとつひとつでは弱いし…
このいくつも作ってきた
さまざまな味のアソート
（組み合わせ）はどうかな
ただ今の大きさだと
ひとつ食べたらおなかが
いっぱいになって
しまうよ
だったら
小さくすれば
いいじゃない？
いっそのこと
ひと口サイズにして
いろいろ食べられる
ようにしたら
どうかしら？
定番のまりも饅頭も
小さくして入れておけば
おじいちゃんから息子夫婦
娘夫婦、そして孫まで
一緒に食べられるわね
家族でじゃんけん
しながら好きなものを
選んでいくとか！
コミュニケーションの
きっかけになりそうだ
…うん
いいこと思いついた!!

ホールケーキのような丸いギフトボックスに入れたお誕生日パッケージはどうかしら!
!
みんなでわいわいと好きなのを選べそうだね!!
結婚式の贈答用ケーキの代わりにもなるんじゃないかしら
うんこれはとても重要なことだいいかい
新商品を考えるときに押さえておきたいのが商品差別化の3つのポイントなんだ

商品を構成する素材を新しいものにしたりいままでにないデザインや機能にする「物理的工夫」
ネーミングやパッケージングなどの工夫とPR等をうまく組み合わせることでブランド価値を高める「イメージ上の工夫」
そして保証や商品関連情報の提供アフターサービスなど　商品の周囲に位置するサービスを提供することで差別化を図る「サービス上の工夫」
なるほど新商品についても定番商品との違いや他社の商品との差別化のためには3つのポイントから考えるのね
なるほどな…商品を作るだけじゃだめだったんだなあ…
考えることが盛りだくさんで頭がパンクしそうだな
これがマーケティングの4Pのひとつめ Product（商品）だ

## Promotion：プロモーション戦略

商品のことがだいたい固まったら
次にプロモーション(Promotion)についてついて考えてみよう
新商品のことをみんなに知ってもらう工夫や 買いたいと思ってもらう努力のことね
そうだ
商品のことを知ってもらって買いに来てもらうことをプル型のプロモーション
逆にお客様に対して積極的な売り込みをしていくことをプッシュ型のプロモーションと言うんだ
たまやは、まずたくさんの人にお店に来てもらいたいからプル型の工夫を考えるのね
うん…

…？ どうしたの？
いや… こんな時 エモーがいて くれたらなって 思って
僕は論理的な思考で ものを考えるのが 得意で… エモーは人間の 感情を主に考える のが得意なんだ
特にプロモーション 戦略の分野では エモーの力が 必要だよ…
そういえば 最初の失敗から 見なくなっちゃっ たわね…
もうどこいっちゃった のかしら… 全然あの時のこと なんか気にして ないのに…！
エモー…
早く帰って きてよ…
お茶入れ ましょうか

あ…そういえば新商品開発の時のギフトケースを使って和菓子を洋菓子風に見せるっていうのあったじゃないそれで話題性が生まれるんじゃない!?
いいかもしれないね前にエモーがやったみたいに新商品のことをメディアで取り上げてもらえる
これはPRにあたるのね
お金があれば広告（AD）もやってみたいけど最初は難しそうね販売促進（SP）のサンプル商品やイベントなら何かできそうだけど…
!
だったら新商品にまつわるストーリーがあるといい
!
エモーー!
どんな想いで開発されたのかまたおじいちゃんおばあちゃんと一緒に祝う誕生パーティーなどのシーンも見せてあげるとおもしろいよ
お誕生日や結婚式のケーキ代わりに使ってもらえればそこから口コミの輪が広がる可能性がある！

エモー…
…まりも ロジー… 俺…
エモー 今さ 新たな 客層を開拓するために 商品の開発をしてるんだ 力を貸してくれないか
エモーがやっていた 人間のエモーションに 働きかける方法を 考えることも必要だと思うんだ
ロジー…
なあ まりも
あんた一体 どこいってたの！
私を助けてくれるって 約束でしょ！ 早く中に入りなさいよ！

まりも…
でも俺…
実は今までライバルの…
…わかってるよ
王者の模倣は
君の好きな戦略だ
そんなことだと
思ってた
何の話？
ん…まあ
こっちの話
君が自分の信じた
ことをやっただけ
そして間違いは僕にもあるさ
僕達は２人ともまだ未熟だ
なあ
一緒にやろう
マーケティングは
ロジックだけでは足りないんだ

そうよ
あなたの力も
貸して

なにこまいこと
言ってんだ

ほら
エモー…

…ただいま
御菓子 たまや
やっと
エモーとロジー
2人とも揃った
これから
力を合わせて
新商品開発を
するんだ!

## Price：価格戦略

なるほどね…事情はわかった
4Pの3つめPrice（価格）
価格は
どうするつもり
なんだい？
値段はそうね
子供が買える値段で
いきましょう
1箱500円で
500円!?
それだと
製造原価で
赤字じゃんか
確かに
原材料だけで
1000円近く
かかるぞ
この値段では赤字だ
でも
スーパーやコンビニに
並んでいる
商品と比べると…
それは競争志向の価格設定だ
一体誰と競争しようと
しているんだ
赤字じゃしょうがないぞ
でも製造原価に人件費
しっかりと利益を確保しようと
すると2000円以上になるわ
それは
原価志向の価格設定だね


### ■価格決定の方針

| 決定方針 | 論理 | 決め方 | 別名 |
|---|---|---|---|
| 原価志向型 | 供給側の論理<br>（企業側の都合） | コストに必要な利益分を上乗せ | ・コストプラス価格<br>・目標利益確保価格 |
| 競争志向型 | 市場の論理<br>（競合関係） | 競争関係にある商品との質の違いを考慮し、価格面からバランスをとる | 競争的市場価格 |
| 需要志向型 | 需要側の論理<br>（生活者の都合） | どのくらいの価格であれば需要があるのかを何らかの事前調査により決定 | 買い手価値対応価格 |

まりも！よく考えるんだ！
何のために
君のお父さん
お母さんが守ってきた
老舗ののれんと
このお店があるんだい

このブランドからすると
値段はスーパーや
コンビニのものより
高くていいはずだ
人は場の雰囲気にあった
値段のものを
妥当な価格だと考えるんだよ

そう このことを
「場の心理」と呼ぶ
覚えておいて
損はないよ

**場の心理**　人は、コンビニと高級感あふれるブランド直営店に同じ商品が並んでいた場合に、コンビニに並んでいる商品は安く、ブランド直営店に並ぶ商品は高く感じる。

**価格がブランド価値の構成要素**　値段が高いことでブランドの価値を高く感じる傾向

この新商品は
新しい層にお店に来てもらって
中長期的にファンになって
もらうためのもの
利益はなしで原価と経費が
まかなえればいいわね
コンビニと比べると
高めの設定だけど
価格は１５００円
このお値段で
いきましょう！

## Place：流通戦略

4Pの最後のひとつが Place（流通戦略）だ
どのようなルートで 商品をお客様に 届けるのか決めるんだよ
これはなんといっても 自分のお店での 販売が中心よね
それに何件か 商品を扱ってくれている 地元のお土産屋さん？ ときどき百貨店の 物産展にも出ているわね
それも重要だけど 新商品は今とは違う人達に 売るんだから 新たな販路を探す必要があるよ
だな
そういえばこの前来ていた 兄妹の子達の おばあちゃんから 近所の人に ごちそうしたいって 注文の電話があったわ
それだ
そういうお客様も 取り込めるような 工夫をしないと

だったら通販の注文を受けられるようにしないとね
高齢者向けにはまずは電話とFAXかしら
いや不十分だな
若い人向けにはインターネットも必要だと思うぜ
せっかくならインターネットを単なる注文を受けるだけじゃなくてインターネットショップにしたいね
いい意見だねエモー！

インターネットもひとつのお店と考えられるから ネットショップの店長が必要かもしれないね
インターネットで売るためには SNS 口コミ ランキング入り等の情報を上手く使わないとね
最初に学んだことだわ!!
そうそう 人間のエモーション（感情）に働きかけ 気持ちを後押ししたり満足させるような仕組みを考えないといけないよね

そうだ…
僕らはどっちか
ひとりじゃだめなんだ
エモーションと
ロジック…
2つを組み合わせて
考えることが必要なんだ
あ！
あんた達
体…どうしたの！
ザワワ…
ポゥ…
…！

なっ…!
何…!? 何が起こっているの!?

# 01

# マーケティングの4Pとは

ロジーが解説していた4Pは、商品を提案する時に必要となる4つの要素のことで、**マーケティング・ミックス**と呼ばれます。**Product（商品）、Price（価格）、Place（流通）、Promotion（プロモーション）の4つの頭文字にちなんだものです。**提唱した学者の名前にちなんで、「マッカーシーの4P」などともいわれます。

細かく商品を構成する要素であり、生活者に対して企業が提案するすべてが含まれます。これらの組み合わせにより、生活者に商品を提案するのです。

4Pの各要素は、それぞれ適切なものを選ぶことが重要ですが、さらに互いの整合性が保たれるようになっていなければなりません。たとえば低価格の消耗品であれば、全国をカバーするスーパーなどの店頭に並ぶことや、TV広告などのマスに向けた販売促進策が重要になります。一方、ブランド品であれば、イメージを守るために高級店舗に絞り、価格を高めに設定するといった具合です。4Pの各要素がお互いに効果を高め合うようにするのです。

# マッカーシーの4P

| | |
|---|---|
| **商品戦略**<br>**Product**<br>品質、製品の種類、デザイン、特徴、ブランド名、パッケージング、大きさ、サービス、保証、返品 | **価格戦略**<br>**Price**<br>希望価格、値引き・割引、優遇条件、支払い期限、信用取引条件 |
| **流通戦略**<br>**Place**<br>チャネル、運送、在庫、流通範囲、立地、品揃え | **プロモーション戦略**<br>**Promotion**<br>コミュニケーション・ミックス：販売促進（SP）、広告（AD）、広報（PR）、セールス・フォース、ダイレクト・マーケティング、オンライン・マーケティング |

売り手からの見方である4Pに対して、買い手からの見方である4Cという考え方があるよ。
商品はCustomer Value（価値）
価格はCost（コスト）
流通はConvinience（利便性）
プロモーションはCommunication（コミュニケーション）
と置き換えてお客様側の視点で考えようとするコンセプトなんだ。

## 02

# Product①商品の差別化のポイント

4Pのひとつめが**Product**、商品戦略です。物語中でロジーが説明していたのは、商品やサービスの開発において知っておきたいのが商品差別化の3つのポイントです。

**物理的工夫**とは、商品を構成する素材を新しいものにしたり、今までにないデザインや機能にすることで、差別化を図る工夫です。

**イメージ上の工夫**は、ネーミングやパッケージングなどの工夫とPR等をうまく組み合わせることで、商品に対して感じるブランド価値を高めたり、特定の印象を持ってもらえるような働きかけです。

そして、**サービス上の工夫**では、保証や商品関連情報の提供、アフターサービスなど商品の周囲に位置するサービスを提供することで、差別化を図ります。

まりも達は、新たな商品を生み出そうと特徴的な材料を加えた饅頭の試作を繰り返していました。そして、その中から選ばれた饅頭を、サイズを小さくすることで組み合わせて購入できるようにしたり、ギフトボックスを用意することで利用シーンを増やしたり、物理的な工夫やイメージ上の工夫を重ねています。今ある商品、そして他社が販売している商品との差別化ができれば、今までの商品では呼び込むことができなかった層に関心を持ってもらったり、メディアに取り上げたりしてもらえるような可能性が高まります。４Ｐのひとつの要素である「商品」にはいろいろな工夫の余地があり、その積み重ねのひとつひとつが大切なのです。

製造技術が発達し、ネットワークであらゆる情報が瞬時に飛び交う現在では、短期間で類似の商品が出てきます。他社との差別化のためには、継続的な差別化の工夫が必要なのです。

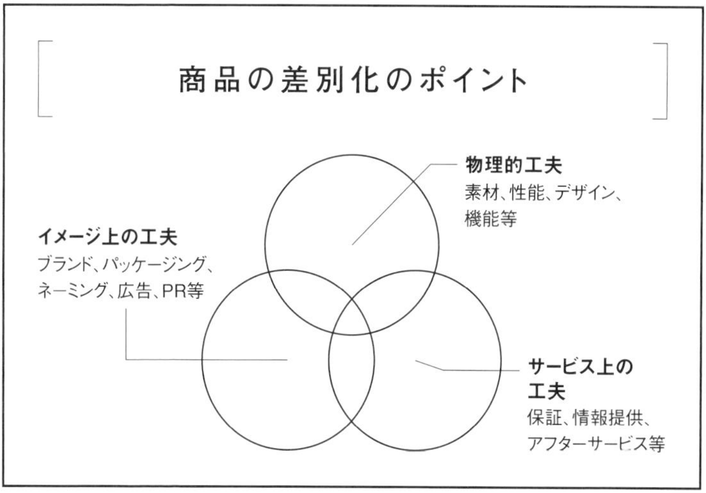

商品の差別化のポイント
物理的工夫
素材、性能、デザイン、機能等
イメージ上の工夫
ブランド、パッケージング、ネーミング、広告、PR等
サービス上の工夫
保証、情報提供、アフターサービス等

## 03

# Product②ブランドって何だろう？

商品差別化のために重要なのが**ブランド**です。この言葉は、日常の会話でよく使われるため、逆に具体的な内容がわかりにくいかもしれません。詳しく見ていきましょう。

Ｐａｒｔ４のマンガの冒頭で、常連客がまりもに「最近、あんたのところはスーパーやコンビニに……」という問いかけをしていました。たまやの定番饅頭がブランドとして、その常連客の頭の中に存在しており、その定番と似たような商品を見た瞬間に自動的にたまやの饅頭だと判断したのです。このように、生活者がブランド名やシンボルを知っているということを**ブランド認知**といいます。そして、ブランドから連想する内容を**ブランド連想**と呼びます。この**ブランド認知とブランド連想を、一定数以上の人々が共通する知識として蓄えている状態がブランドなのです**。ブランド名やシンボルマークを見ただけで、どんなお店か、どんな商品やサービスを提供するのかがわかり、品質や価格帯等も想像できる状態が、ブランドが成立している状態です。そして、どれだけ多くの人びとが、そのような状態にあるのかがブランドの大きさであり、平均的な連想イメージがブランドイメージとなるのです。

## ブランドとは

生活者がブランドについての**知識**を
記憶の中に蓄えていること

**ブランド認知**
ブランド名やシンボルを
知っている

・和菓子の「たまや」ね！

**ブランド連想**
ブランドから
連想する内容

・まりも饅頭！
・老舗ってイメージ
・あんこがおいしいよね

# 04 Product③ブランドを構成するものとは

ブランド認知や連想を生じさせる具体的な要素はさまざまです。

**ブランド・ネーム**は、商品名のことであり、商品のコンセプトを簡潔に表現することで認知や連想につなげます。**ロゴ・マーク**は、会社名やサービス名をビジュアル化して、他商品との識別を容易にするためのものです。**キャラクター**は、人物等をビジュアル化したもので、好意的なブランドを形成したい時に用いられます。

そのほかにも、ブランドに関する記述的、説得的な情報を伝達するための**スローガン**、音楽によるブランドのメッセージである**ジングル**、商品の容器や包装により破損を防いだり、広告宣伝の機能を担う**パッケージング**などが重要になります。

まりも達が新たに開発した商品をブランドとして定着させるためには、これらブランド構成要素のひとつひとつをじっくりと考える必要があります。商品の内容にマッチして記憶に残りやすい商品名や、それを表す文字やイラスト等、それぞれのバランスがとれたものにしていかなければならないのです。

## ブランドを構成する要素

| | 構成要素 | 概要 |
|---|---|---|
| ① | **ブランド・ネーム（商品名）** | 製品のコンセプトを簡潔に表現する。親しみやすさや、意味伝達力、音感などがポイントとなってくる。 |
| ② | **ロゴ・マーク（ロゴ、シンボルマーク）** | 会社名やサービス名をビジュアル化して、他商品との識別を容易にする。品質を保証する、出所を明らかにする、広告をする等の機能などがある。文字をデザインしたものが「ロゴタイプ」、イメージをデザインしたものが「シンボルマーク」、その組み合わせが「ロゴ・マーク」。 |
| ③ | **キャラクター** | 人物等をビジュアル化したもの。好意的なブランドを形成したい時に用いられる。 |
| ④ | **スローガン** | ブランドに関する記述的、説得的な情報を伝達するための簡潔にまとめたフレーズ。例えば、パブロンの「はやめのパブロン」など。 |
| ⑤ | **ジングル** | 音楽によるブランドのメッセージであり、楽曲や音の組み合わせがある。ブランドの認知を向上させる機能を担う。 |
| ⑥ | **パッケージング** | 商品の容器や包装のデザインや制作であり、製品の破損を防ぐ機能の他、運搬・保管の利便性、店頭での広告宣伝の機能を担う。 |

# 05

## Product④商品の寿命「プロダクト・ライフ・サイクル」

商品にも誕生（導入）から衰退までの一生があります。それを表現したものが、**プロダクト・ライフ・サイクル**です。

時間の経過を横軸に、売り上げや利益などの金額を縦軸に取ります。横軸では、右へ行くほど時間が経ったということになります。横軸の左端は、製品の開発のタイミングです。そこから右にずれていくと、商品の導入、成長、成熟、衰退と、あたかも人の一生のようなタイミングごとの特徴が現れてくるのです。

時期ごとの特徴をひとつひとつ見てみましょう。

まずは最初の**導入期**です。この段階では、革新的な層がお客様の中心のため、売り上げは低く、利益はほとんど出ません。

次の**成長期**では、競合の参入も増えますが、市場自体が拡大しているため、売り上げ、利益ともに高いものとなります。

売り上げのピークを迎える**成熟期**に入っていくと、ライバル企業との競合状態が厳しくなり、価格競争も頻発するため利益は低下していきます。

やがて**衰退期**に入り、売り上げも利益も下がります。

**商品が、このようなプロダクト・ライフ・サイクルのどこにあるのかを常に把握することで、必要な販売施策や、将来を見据えた改良などのタイミングを的確に判断できるようになるのです。**

たまやのケースでは、定番商品についてのライフ・サイクルは非常に長いものとなります。現在、お客様が減っているということからは成熟期を過ぎていると判断できるでしょう。その場合は、定番としての地位を守り続けるために、素材の配分や味、大きさなど時代に合わせて微妙な工夫を加えることも必要になってきます。定番としてのイメージは崩さないよう、ほとんどの

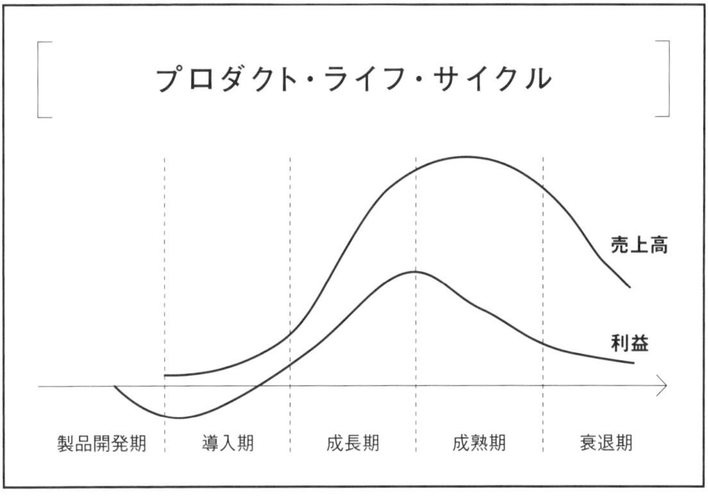

プロダクト・ライフ・サイクル
売上高
利益
製品開発期
導入期
成長期
成熟期
衰退期

商品の購入者がいわれるまでは気がつかない程度の変更を加えることでニーズの変化にマッチさせていくのです。

同様にまりも達が開発した新商品についても今後、季節限定の味わいの饅頭を加えたり、また一定期間ごとに数種類を新しく開発した饅頭に入れ替える等の工夫により、そのライフサイクルを拡大させることができるはずです。

実際に、大手ハンバーガーチェーンや菓子メーカーなどリピート頻度が高い業界で長年ヒットを続けている商品では、必ずといっていいほど、そのような地道な努力が続けられています。

ライフ・サイクルという考え方を知ることで、商品開発の工夫の必要性やタイミングを考え、適切な対応をとることができるようになるのです。

## プロダクト・ライフ・サイクルごとの特徴

| | 導入期 | 成長期 | 成熟期 | 衰退期 |
|---|---|---|---|---|
| **●特徴** | | | | |
| **売り上げ高** | 低い | 急成長 | 低成長 | 低下 |
| **利益** | ほとんどなし<br>またはマイナス | ピークに到達 | ピークから<br>徐々に低下 | 低い |
| **中心顧客** | ・イノベーター<br>・アーリー<br>アダプター | ・アーリー<br>マジョリティ<br>・レイトマジョリティ | ・レイトマジョリティ | ・レイトマジョリティ |
| **競合企業** | ほとんどなし | 増加 | 多数 | 減少 |
| **●取るべき戦略** | | | | |
| **戦略の焦点** | 市場拡大戦略 | 市場浸透戦略 | シェア維持 | 生産効率向上 |
| **流通チャネル** | 未整備 | 拡大・整備 | 重点選択 | 選択、限定 |
| **プロモーションの重点** | 認知度のアップ | ブランド確保 | ロイヤルティ維持 | 選択的 |
| **価格** | 高い | やや低い | もっとも低い | 上がっていく |

## 06

# Promotion①プル型戦略とプッシュ型戦略

4Pのひとつである**Promotion**は、日本語では販売戦略やプロモーション戦略等と呼ばれ、広告宣伝からPR、口コミなどが含まれます。

**お客様を引っ張り込もうとするのがプル型戦略**です。TVや新聞、雑誌の広告などで、積極的に商品の魅力を伝えます。人々に商品への興味を持ってもらい、自ら買いに行くように働きかけるのです。多くのお客様が求めるような商品であれば、小売店側でも商品の取り扱いを増やし、積極的にメーカーに注文を入れます。

一方、**積極的な売り込みによって商品をお客様の方に押し出すのがプッシュ型戦略**です。メーカーは、小売店に販売サポートの人員を派遣したり、商品を陳列するための什器や、宣伝のためのPOP、冊子、サンプル等を用意して提供します。メーカーが強くサポートする商品は、小売り側でも売りやすいため、積極的に売ろうとする意思が働きます。店頭では目立つように並べられ、来店したお客様に積極的に売り込むようになるのです。

なお、ほとんどの場合は、プル型とプッシュ型を組み合わせます。

# プル型戦略とプッシュ型戦略

## ●プル型

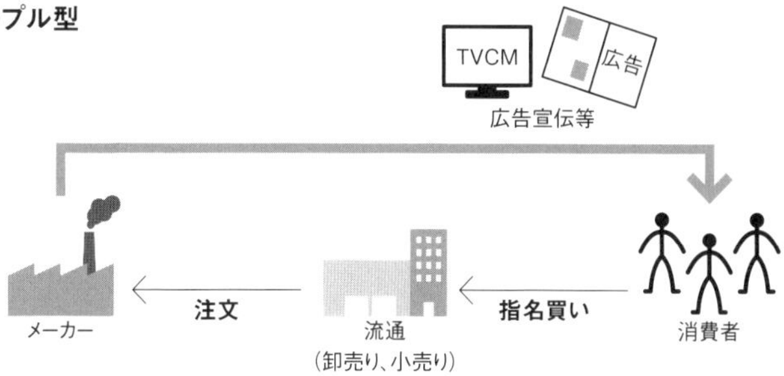

TVCM
広告
広告宣伝等
注文
指名買い
メーカー
流通
(卸売り、小売り)
消費者


## ●プッシュ型

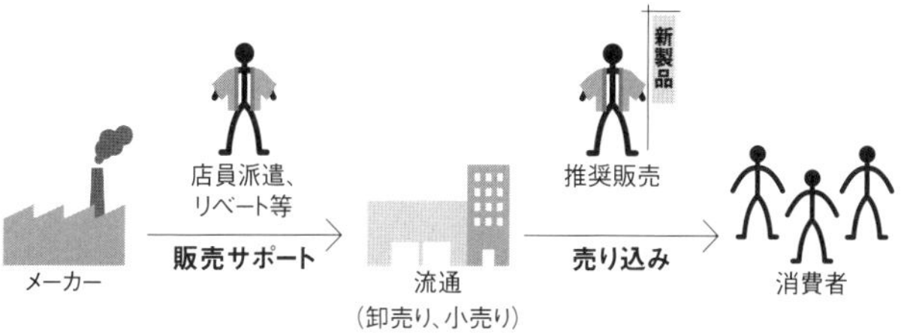

新製品
店員派遣、
リベート等
推奨販売
販売サポート
売り込み
メーカー
流通
(卸売り、小売り)
消費者

## 07

# Promotion②さまざまなコミュニケーション方法

商品情報を伝える方法は、ＴＶや新聞や屋外広告から、チラシやイベントの共催、情報番組への商品提供など多種多様です。このような情報を伝える要素の組み合わせを**コミュニケーション・ミックス（プロモーション・ミックス）**と呼び、１９２頁で説明したプル型とプッシュ型から構成されます。

プル型のＰＲは新聞や雑誌などで記事として取り上げてもらうことが中心です。広告（ＡＤ）は掲載料を支払って新聞や雑誌に出稿したり、チラシなどを使ったりします。そしてセールス・プロモーションと呼ばれる販売促進（ＳＰ）はサンプルの配布、イベントの開催など、生活者に対する直接的な働きかけです。

一方、プッシュ型の販売促進（ＳＰ）はプル型にやや近い方法になります。人目を惹くような大がかりな陳列やＰＯＰなどにより、お店に来ているお客様に「今、ここで買いませんか?」と直接働きかける方法です。

なお、人的販売はセールスパーソンや販売員などによる働きかけのことです。

## コミュニケーション・ミックス

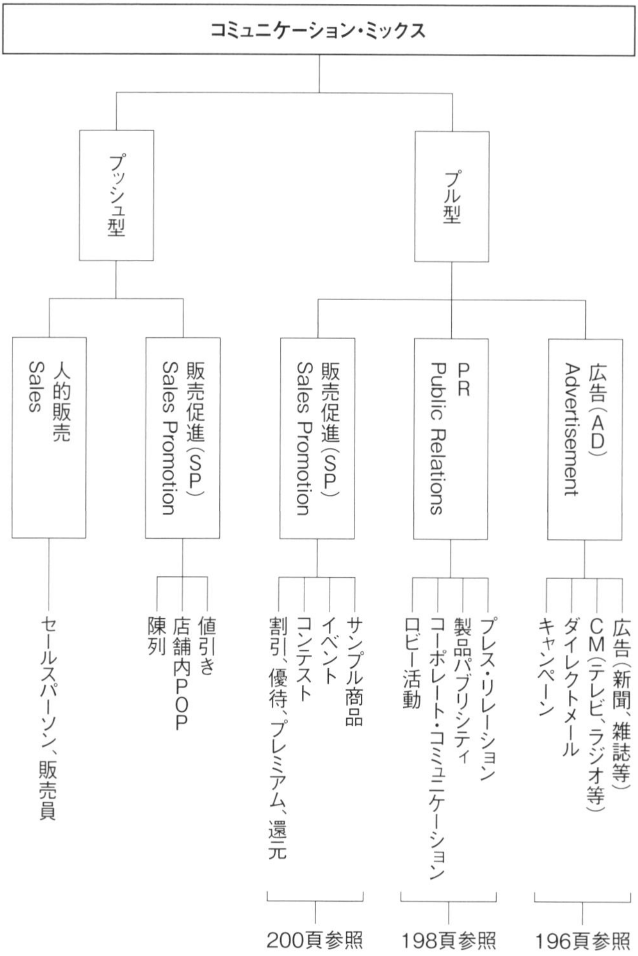
コミュニケーション・ミックス
プッシュ型
プル型
人的販売 Sales
販売促進(SP) Sales Promotion
販売促進(SP) Sales Promotion
PR Public Relations
広告(AD) Advertisement
セールスパーソン、販売員
値引き
店舗内POP
陳列
サンプル商品
イベント
コンテスト
割引、優待、プレミアム、還元
プレス・リレーション
製品パブリシティ
コーポレート・コミュニケーション
ロビー活動
広告(新聞、雑誌等)
CM(テレビ、ラジオ等)
ダイレクトメール
キャンペーン
200頁参照
198頁参照
196頁参照

## 08

# Promotion③さまざまな広告の特徴

時代の変化に合わせて進化し、拡大し続けているのが広告です。以前はＴＶ、ラジオ、新聞、雑誌の、マス４媒体が中心でした。

テレビは繰り返し放送でき、幅広い視聴者を持つので、商品のことを一気に伝えるためには効果的ですが、その分コストも高くなります。ラジオは比較的安価ですが聴取者が限られる傾向にあります。新聞では、専門紙などで特定のターゲットへのアプローチが可能で、信頼性が生まれやすいという特徴があります。雑誌については、専門誌であれば、非常に細かくターゲットを絞り込めますし、コストも抑えることができます。

また、インターネット広告では、検索ワードや閲覧履歴に関係が深い広告の表示や、個人のブログで商品を紹介する成果保証型広告ＳＮＳなど、次々と新しいタイプの広告が生まれ、現在ではＴＶに次ぐ売り上げを占める位置にまでなっています。

そして、看板のイメージが強い屋外広告ですが、最近、バスや電車などの車両に広告を貼り付けたり、駅の床や改札など新たなスペースに進出してきています。

## 広告媒体ごとの特徴

| | マス4媒体 | | | | インターネット | 屋外広告 |
|---|---|---|---|---|---|---|
| | テレビ | ラジオ | 新聞 | 雑誌 | | |
| 接触時間 | 短い | 短い | 興味次第 | 興味次第 | 興味次第 | 短い |
| 説明力 | 低い | 低い | 高い | 高い | 高い | かなり低い |
| 反復性 | 高くすると高コスト | 高くすると高コスト | 低い | 低い | 高くすると高コスト | 特定層のみ高い |
| 地域 | 細かくできない | 細かくできない | 特定可能 | 困難 | 基本的にグローバル | 限定 |
| セグメント | 時間帯に依存 | 時間帯に依存 | 専門紙では細かく特定できる | 細かく特定できる | キーワード連動等 | 場所に依存 |
| 特徴 | 高い印象度 | 比較的安価 | 信頼性 | 特定層へ | 双方向 | 低コスト |

## 09

# Promotion④ PRの効果

広告やセールス・プロモーションと並んで、コミュニケーション・ミックスを構成する大切な要素のひとつがPRです。

PRは、企業が、自社自身や商品などの情報をマスコミに提供し、ニュースとして報道してもらうことで実現します。第三者であるメディアがニュースとして扱うことで、社会性・客観性がある情報として認識され、売り上げ拡大につながりやすくなります。しかし、広告と違って伝わる情報をコントロールできないという欠点も併せ持っています。

企業規模に関係なく用いられることが多いのがプレス・リリースとして新商品やサービスの情報をFAXでさまざまな報道機関に流すやり方です。また、記者会見、個別取材への対応などで情報を提供したり、社会的価値、話題性のある出来事に対応したサービスを開発することで、ニュースとして取り上げてもらうことを狙う場合もあります。

エモーは、新商品について、開発ストーリーや使用シーンを見せることでメディアの注目を集めることができるとアドバイスしています。商品が持つおもしろさをうまく伝えることができれば、ほとんどお金をかけずに集客につなげることも可能となるのです。

## 広告とPRの違い

| | 広告 | PR |
|---|---|---|
| 消費者からの信頼性 | 宣伝のために、いいことしかいわない等の印象を持たれやすい。 | 報道機関による客観的な情報として受け取られやすい。 |
| 情報の内容 | 商品情報が中心。 | 人事、経営などあらゆる情報が含まれる。 |
| 情報伝達の確実性 | コントロール可能。<br>広告枠を購入すれば確実。 | コントロール不可能。<br>内容から、掲載の有無まで、全てメディアの判断による。 |
| 掲載枠 | 広告枠。 | 記事、情報枠。 |
| 露出 | 出稿分のみ。 | 内容次第で、多様な展開に。 |
| コスト | 多額の費用がかかる。<br>制作費、広告料金。 | うまくやれば安価。<br>人件費、通信費程度。 |
| 戦略的な役割 | 答えを提示する。 | 問題を提示する。 |

# 10

## Promotion⑤さまざまな販売促進の方法

販売促進はＳＰやセールス・プロモーションとも呼ばれ、街頭でのサンプル配布、イベントの開催、店頭での割引など、生活者に対する直接的な行為です。広告やＰＲが商品の存在や良さを伝える間接的な働きかけをするのに対して、販売促進は直接購入を促すような働きをします。

音楽会や絵画展などの文化的な行事や、野球やサッカーなどのスポーツに協賛することでイメージアップを図るのがイベントです。

特定の材料を使った料理を募集したり、人気投票を行うことで、商品への関心を高めようとするのがコンテストです。

なお、割引、プレミアム、還元などは、いずれもお得感を演出することで、売り上げアップにつなげる方法です。

このような各種の販売促進策を広告やＰＲと適切に組み合わせることで効果的なコミュニケーション・ミックスを構築することが大切です。

## おもな販売促進策（形態による分類）

| | 形態 | | 概要 |
|---|---|---|---|
| ① | イベント | 文化・スポーツイベント | 文化やスポーツに関するイベントを通じてイメージアップを図る。 |
| | | 販促イベント | 物産展や展示即売会などのように、販売につなげる。 |
| | | 複合型イベント | 文化・スポーツイベントと販売を同時に実施。 |
| ② | コンテスト | 使い方コンテスト | 商品の使い方などのアイデアを募集するもの。 |
| | | 作文募集 | 与えられたテーマについて作文や論文を募集するもの。 |
| | | 人気投票 | 商品やサービスの好感度や優位度の順位をつけさせる人気投票。 |
| ③ | 割引、優待 | クーポン | 特定商品やサービスの割引券、優待券。インターネットクーポンやレジクーポンなどもある。 |
| | | バウチャー | 特定商品やサービスと交換できる引換券などがある。 |
| ④ | プレミアム（おまけ、懸賞） | 懸賞による景品 | 単純な懸賞の他、商品についているシール等を集めて、応募することで受け取ることができる景品とに分かれる。 |
| | | ベタ付け景品 | 形態としては、パック・イン、パック・オン、コンテナー・パック、ボーナス・パックがある。 |
| ⑤ | 還元 | キャッシュバック | 商品購入時のもの、商品のシールを集めるもの、ポイントサービスなどがあり、ポイントに合わせて値引きしたり、次回以降、現金代わりとして使えるようにするサービス。 |
| | | ポイントサービス | 商品のシールを集める、ポイントサービスとして実施する場合などがあり、集めたポイントに応じて、商品がプレゼントされたりするサービス。 |

## 11

# Price①価格を決める3つの方法

戻ってきたエモーとみんなが議論している価格ですが、その決定は簡単ではありません。まりものアイデアのような他社と横並びの価格設定から、原価を積み上げての価格設定まで、担当者が大きく頭を悩ませるところです。代表的な価格設定方式は次の3つです。

**原価指向型**では、製造にかかった金額に、適正と思われる利益を乗せたものを販売価格にします。モノ不足で売り手優位の時代によく見られましたが、ライバルの参入を許しやすいため、現在では特殊な業界を除きあまり見られません。

技術や販売網の進展により、商品による大きな差がなくなりつつある現代では**競争指向型**が増えています。競合他社の同等商品の価格を基準にして決めるのです。似たような商品を集め値段を調べて、その範囲中から大きくはずれない価格に決めます。もっとも安易ですが失敗の少ないやり方といえるでしょう。

**需要指向型**では、需要側の反応に応じて価格を設定します。たとえば、全く新しい商品の場合、事前に調査を行い、どのくらいの価格であれば、どの程度の需要があるのかを予想し、決定するのです。

## 価格決定方針のパターン

| 決定方針 | 論理 | 決め方 | 別名 |
|---|---|---|---|
| **原価志向型** | 供給側の論理（企業側の都合） | コストに必要な利益分を上乗せする | ・コストプラス価格<br>・目標利益確保価格 |
| **競争志向型** | 市場の論理（競合関係） | 競争関係にある商品との質の違いを考慮し、価格面からバランスをとる | 競争的市場価格 |
| **需要志向型** | 需要側の論理（生活者の都合） | どのくらいの価格であれば需要があるのかを何らかの事前調査により決定 | 買い手価値対応価格 |

# 12 Price②需要から価格を決定する

需要指向型の価格決定の方法のひとつにPSM分析があります。この方法では、まずアンケートにより4つの質問を行います。その結果を累積のグラフとしてまとめることで、人々が、どの程度の価格がちょうどいいと考えているのかについて知ることができます。それを商品特性と絡め合わせることで、統計結果に基づいた価格決定をするのです。

なお、縦軸には回答者の総数を100%としてとり、横軸は左に向かって上がっていく価格をとります。各質問に対する回答金額を累積させたグラフとすることで、4つの交点が生まれます。

その結果から、高級品などでは最も利益が高くなる「最高価格」、販売数量を増やしたい普及品向けの「最低品質保証価格」、多くの人々が「このくらいの値段であれば、まあよいか」と考える「妥協価格」、そして、ある程度の利益を確保しながら販売数量も期待できる「理想価格」を知ることができるのです。

# PSM分析

## ●PSM分析の4つの質問

**質問1**
「あなたは、この商品がいくらくらいから「高い」と感じ始めますか?」

**質問2**
「あなたは、この商品がいくらくらいから「安い」と感じ始めますか?」

**質問3**
「あなたは、この商品がいくらくらいから「高すぎて買えない」と感じ始めますか?」

**質問4**
「あなたは、この商品がいくらくらいから「安すぎて品質に問題があるのではないか」と感じ始めますか?」

## ●PSM分析の結果

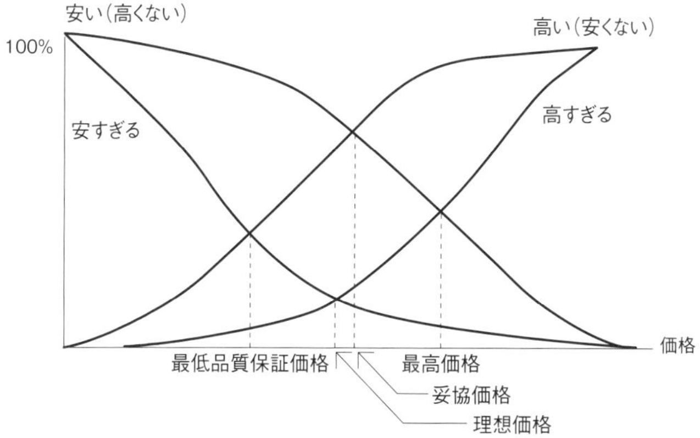

安い(高くない)
100%
高い(安くない)
安すぎる
高すぎる
価格
最低品質保証価格
最高価格
妥協価格
理想価格

# 13

# Price③価格設定や価格に対する心理

商品の価値には、商品自体が持つ機能や性能などの他に、商品から受けるイメージや、商品を買う場所の雰囲気などさまざまな要素が含まれます。私達が商品を買う時には、それらの要素を無意識のうちにトータルで考えて判断しています。

たとえばロジーが説明していた**「場の心理」**は、生活者が場所の状況やイメージによって、自分の行動を抑制したり増長させたりするという心理のことです。コンビニエンスストアでは、一部例外商品を除くと１０００円以上になるような商品は扱っていません。コンビニエンスストアで買い物をする時の人々には高額の商品を買おうという気持ちがないからです。反対に、百貨店には、１万円単位の商品が並んでいます。百貨店だからこそ、高級品に高い金額を支払うことに抵抗を感じない人が多いのです。**場が違えば、払ってよいと考える金額が違うのです。**

このように人間の心理は不思議なものでちょっとした価格設定の工夫に心を動かされます。従来からいろいろと工夫されている価格設定の工夫、その中の代表的なものを次頁にまとめておきました。

## 価格設定や価格に対する心理

| | 概要 |
|---|---|
| **場の心理** | 場所の状況やイメージによって支払ってよい金額が変化する。 |
| **ブランド価値** | ブランドの名前やロゴがついていることで、同じ品質の商品であっても支払ってよいと感じる金額が高くなる。 |
| **名声価格** | 宝石、美術品、高級ブランド品など、所有することが社会的ステータスを示す商品は、高価格にすることで高品質のイメージを与える。 |
| **端数価格** | 97円、980円といったように、きりのいい数字から、少し切り下げることで、値段の桁がひとつ違う、安いような印象を強くする。 |
| **ジャストプライス** | 100円ショップなどのように、きりのいい数字で、消費者の支払い計算を簡単にし、安心して商品を選べるようにする。 |
| **ついで買い提案** | 高いものを買ったお客様に、周辺の商品を提案すると、ついで買いになるため、お客様は安く感じる。 |
| **心理的財布** | 贅沢品と日常品の財布は別と考え、贅沢品には金を惜しまないのに、安い日常品を買うことにためらったりする心理。 |

# 14

# Place①商品の流通方法を考える

**4Pのひとつである「Place」は、日本語ではチャネル戦略や流通戦略と呼ばれ、商品を流通させるところから店舗等で生活者に販売するところまで含まれます。**

たとえば高級ブランドと、誰もが必要とする生活必需品や特定の趣味を持つ人向けの商品では、商品の種類や特性が違い、商品が売れる場所や売るべき場所が違います。そのため、どのようなルートを通して、どのようなターゲット層に商品を提案するのかを決める流通戦略が重要になるのです。

この販売ルートである流通チャネルには複数のパターンがあります。物語の中でまりも達が話していた電話やＦＡＸ、インターネットなどの通信販売は「直接型」の流通です。運送業者などを通して商品を直接消費者へ届ける方法です。

一方、「間接型」の流通は、実際に存在する小売店で店員が販売する一般的な売り方です。Ｐａｒｔ４に登場するライバル企業、木座製菓のようにスーパーやコンビニエンスストア等さまざまな店で商品を販売する「開放型」の流通と、限られた地元の土産屋のみに卸しているたまやのような、絞り込んだ小売店のみを通す「閉鎖型」の流通に分かれます。

# さまざまな流通のタイプ

### ●流通チャネルのタイプ

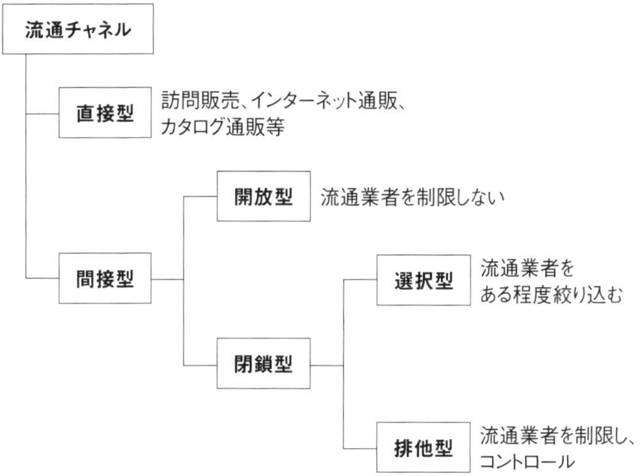

流通チャネル
直接型
訪問販売、インターネット通販、
カタログ通販等
間接型
開放型
流通業者を制限しない
閉鎖型
選択型
流通業者を
ある程度絞り込む
排他型
流通業者を制限し、
コントロール


### ●開放型の流通

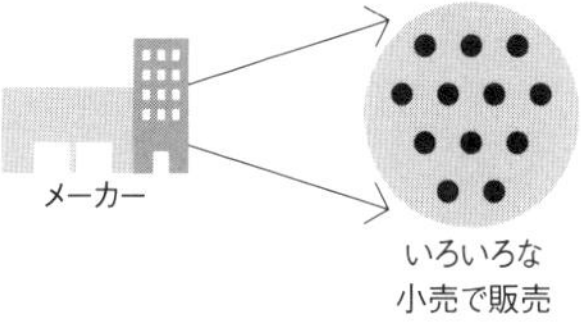

メーカー
いろいろな
小売で販売


### ●閉鎖型（選択型、排他型）の流通

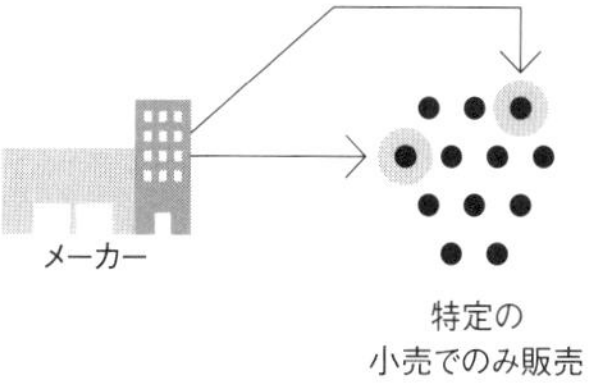

メーカー
特定の
小売でのみ販売

15

# Place②商圏の特性をつかむ

小売店舗や商業集積へ来店する可能性がある生活者の居住地の地域的な広がりのことを商圏といいます。お客様を集めることが可能な範囲のことであり、もっとも単純な考え方では小売店舗を中心として半径○ｋｍの円という具合に示されます。より正確に見たい場合は、道路距離や移動時間距離を使って設定します。

新規に出店する場合はもちろん、すでに店舗を構えている場合でも、**自社の店舗が持つ商圏に関する特性を知ることは、とても大切です。特性を知らなければ、商圏内の潜在的な顧客に来店を促すことができません。**商圏人口、住民特性、風土、消費動向等を把握することで、商圏にどれだけ人が住んでいて、どのような商品を欲しがるのか、また、どのように提案すれば喜んで買うのかを考えることができるのです。

なお、同じ商圏には複数の競合店がひしめいているのが普通ですから、競合店の状況も知らなければなりません。競合店に出向くことで、競合店と自店との違いを知り、自店に多くのお客様が来てもらえるような工夫を考えるのです。

## 商圏に関するポイント

| | 概要 |
|---|---|
| **商圏人口** | 商圏が持つ潜在的な力を把握するための指標。性別、年齢、世帯数等の人口統計的変数によって明らかにする。 |
| **住民特性** | 職業構成、自家用車の保有、住居タイプ、世帯構成、所得水準等により、住民の暮らし方や意識を明らかにする。 |
| **風土** | 街の歴史、文化、気候、暮らし方などにより、居住者の生活ぶりを把握するのに用いる。 |
| **消費動向** | 消費項目別支出等の具体的な統計調査結果を用いて、消費に対する意識を明らかにする。 |
| **店舗へのアクセス** | 自店へのアクセス状況を明らかにすることで、看板のわかりにくさ等のアクセス阻害要因の排除や、駐輪場の設置等の必要な対策について明らかにする。 |
| **競合店の状況** | 競合店における、商品のカテゴリー構成、来店客数、買い上げ率、売れ筋、価格帯、陳列、売場面積等々について、実際に調査し、明らかにする。 |

16

# Place③卸の機能とは

卸売業者は、さまざまなメーカーから商品を預かり、その商品をさまざまな小売店へ卸します。ひとつの卸との取引により、メーカーは複数の小売店で商品を扱ってもらうことが、小売店ではさまざまなメーカーの商品を仕入れることができるようになります。

最近は、流通コストカットのため、メーカーと小売りの直接取引が増える傾向にあり、それに対抗すべく卸売業でもさまざまな機能を強化しています。

売れ筋商品の情報をメーカーへ、新商品の情報や商品の特徴、販売促進に関する情報などを小売店側へ提供するのが情報伝達機能です。さまざまな情報が集まる卸だからこそできる機能です。物流機能は、倉庫が十分でないメーカーの在庫を保管し、必要に応じて店舗へ運ぶ機能です。大手の小売店と直接取引をすることが難しい中小のメーカーにとって欠かせないのが調達販売機能です。

そして、金融の危険負担機能では、商品が売れて現金が入ってくるまでのメーカーや小売りの資金繰りを安定化させる役割を担っています。

# 卸の役割と機能

## ●卸売業者の役割

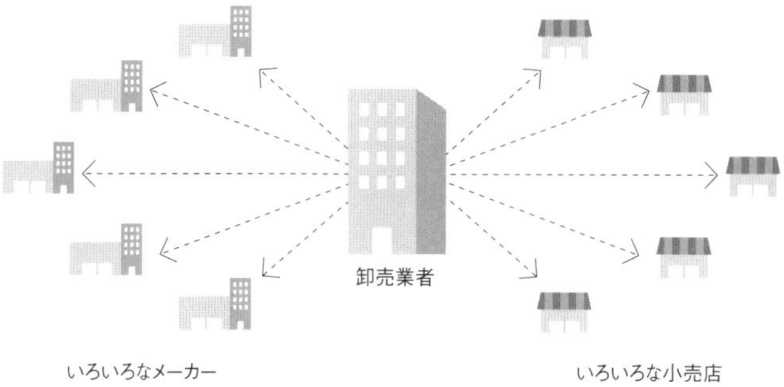
卸売業者
いろいろなメーカー
いろいろな小売店

## ●卸売業の機能

| | 機能 | 概要 |
|---|---|---|
| ① | **情報伝達機能** | メーカーの製品開発、小売りの販売促進に役立つような情報を提供。 |
| ② | **物流機能** | 倉庫が十分でないメーカーの在庫を保管し、必要に応じて店舗へ運ぶ。 |
| ③ | **調達販売機能** | 小売り側が、取引先を絞り込めるように、ひとつの卸の中で幅広く品揃えをする。 |
| ④ | **金融の危険負担機能** | メーカーや小売りの資金繰りを安定させる。 |

Column3

# 現状の製品戦略の整理と対策

プロダクト・ポートフォリオ・マネジメント（ＰＰＭ：Product Portfolio Management）はプロダクト・ライフ・サイクルの状況を示す指標としての「市場成長率」と、生産量が増えれば生産コストが下がる経験曲線効果の程度を示す指標としての「相対的市場占有率」によるマトリクスで構成されます。

マトリクスの中に自社の事業や製品を配置することで、次にどのような手を打つべきなのかを考えるためのツールなのです。

ＰＰＭは「問題児」、「花形」、「金のなる木」、「負け犬」の４つのマトリクスで構成されます。企業は、なるべく利益貢献度が高い、金のなる木の位置にくるものをたくさん作ります。そこから得た経営資源を問題児に位置づけられる事業や製品に投資し、新たな収益源を作ることで企業全体としての中長期的な成長を目指すのです。

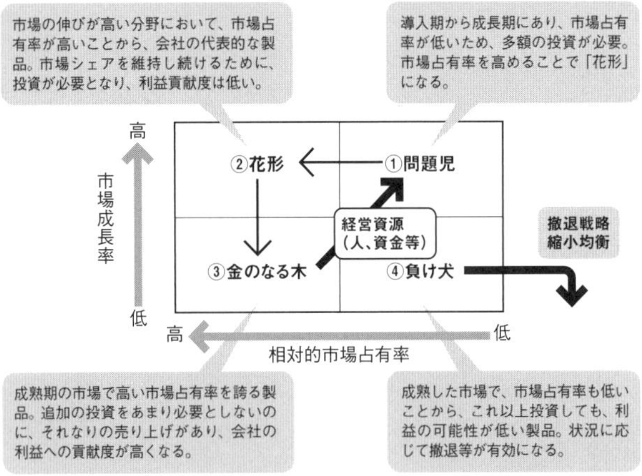

市場の伸びが高い分野において、市場占有率が高いことから、会社の代表的な製品。市場シェアを維持し続けるために、投資が必要となり、利益貢献度は低い。
導入期から成長期にあり、市場占有率が低いため、多額の投資が必要。市場占有率を高めることで「花形」になる。
高
市場成長率
低
②花形
①問題児
経営資源（人、資金等）
③金のなる木
④負け犬
撤退戦略
縮小均衡
高
低
相対的市場占有率
成熟期の市場で高い市場占有率を誇る製品。追加の投資をあまり必要としないのに、それなりの売り上げがあり、会社の利益への貢献度が高くなる。
成熟した市場で、市場占有率も低いことから、これ以上投資しても、利益の可能性が低い製品。状況に応じて撤退等が有効になる。

# Part 7

# お客様との長期的な関係作り

僕らは元々ひとつ…マーケティングに必要なロジックとエモーションの化身…
そして今…この2つの視点を併せ持つことができるようになったことで合体できたんだ…
2人からの最後のメッセージ
Story 7

まりも…
僕達の役目は
終わったみたいだ
今までよく
がんばったね…
え…!?
君のおかげで
僕達はひとつになれた
そろそろ天上界に
戻らなくちゃいけない…
そんな…何を言ってるの?
私をもっと助けてよ!
大丈夫…僕らが合体したように
マリモの中にマーケティングの
2つの視点が生まれたはずだ
もう君は以前までのような
失敗はしないよ…
そしてこれは
僕からの
最後の教えだよ…

通常、高い満足度を維持し続けている顧客は同じ商品やサービスを利用し続ける
十分に満足しているのであれば他の商品やサービスに切り替えることはないんだ
顧客が満足し続けることで時間の経過とともにそのひとりの顧客からの累積の売り上げが増大していく
大事なのは相手にとっての満足を高めること…中長期的な満足によりライフタイム・バリューを最大化することがマーケティングの重要課題なんだよ
顧客満足を高めることで…
みんなで新商品のマーケティングを考える時間…楽しか…た…

ま…!
待って!

御菓子
たまや
エモー…？
ロジー…？

エモォー!
ロジィイー!

それから数ヵ月後――…
今北海道で話題を集めているのがこのお饅頭なんですよ！
今日は今話題の新商品をご紹介します！
…玉井君
…！
すばらしいよこの企画であれば…採用だ
ありがとうございます!!

おめでと～！
企画通ったんだ！すごーい!!
まりも実家から帰ってきてから変わったわ
一体何があったの？
え？ううん
それではお店の方にお話を伺ってみましょう
あの不思議な子達が消えてから私たちが開発した新商品は地道に大ヒットしていった

新商品で饅頭の楽しさを感じてもらえた上に昔ながらの「まりも饅頭」を気に入っていただく方もいてとても嬉しいです
なるほど…お店にとって目指すべき目標みたいなのはありますか？
お客様に受け入れていただくことが一番の満足です
時代に合わせながら変わらぬ味をこれからも作り続けていきますよ
これまりもの実家のお店でしょう？さっきからテレビで流れてるのよ！すごいね！
お父さんたら…
あの子達のことは不思議と私以外誰も覚えてないみたい

まりもの復帰祝いに今日こそ飲みに行こー
待ってー あと少しだから！
あ…でも まりもは彼と約束だっけ？
ヨリを戻したいって言われたんでしょ？
まりも…おれ
やりなおしたいんだ
ええええっ!!
ふっちゃったのぉッ!?
4F
時間営業

だって確かにイケメンだけど
よく考えたら一度あんなこと言われたらヨリを戻したって中長期的に満足できるかなって思ったんだもん
中…長期的にって…あ あんた…変わったわ
ううん…教えてくれたの
教えてくれた？
誰が？
白と黒の天使が…
え…何？
ううん なんでもなーい

彼らが
何だったのか
まだわからない…
誰も覚えてない
っていうし
本当に幻だった
のかも
でも私の中には
まだ生き続けてる
んだもん
絶対に忘れない
私がマーケティングの手法を使う時
彼らはいつもそばにいるから
さあ行こ！
今日はつきあって
もらうからね！

木座製菓　株式会社
一方ライバル企業の木座製菓では
えええ!
パパ!　内地からの進出を狙うメーカーから買収されそうになってるって!?
そうだウチよりもっと大きな大手製菓会社だ
そこでだ　そこの娘と結婚すれば救ってやるとのことだ
け　結婚だって?　そんな勝手に…!
…ナルオ　この娘と結婚しろ
げえええ!

ひいいいいいい！
家族や友達と楽しめるような新商品と伝統の定番商品の組み合わせで人気を集めるたまやさんですが、
お客様の視点に立った商品開発こだわりの姿勢が受け入れられているんですね
はい　これから20年でも30年でも守り続けていきますよ
以上　話題のたまやからお送りしましたー

## 01

# お客様を虜《とりこ》にすることの重要性

昔から、商売の基本はお客様の満足だといわれています。お客様が満足しなければ、次の売り上げにつながらず、他のお客様へ口コミも発生しません。売り上げを維持、拡大させていくためには、継続的なお客様の満足が欠かせないのです。顧客満足やＣＳ（Customer Satisfaction の略）と呼ばれます。

ライバル企業や競合商品がひしめく現代では、昔以上に、この顧客満足が大切だといわれています。商品やサービスに満足したお客様は、その商品やサービスを利用し続けるだけでなく、周囲に良い噂を流してくれるかもしれません。逆に不満を覚えたお客様は商品やサービスの利用を続けることはまずありませんし、悪い評判を流す可能性もあるでしょう。ひとりひとりのお客様の満足度が重要なのはもちろん、それぞれの満足度に応じて周囲に与える影響も大きくなっているのです。顧客満足が企業の中長期的な経営に大きな影響を与えるのです。

**顧客満足を高めることによる売り上げの変化についての重要性を明らかにしてくれる考え方がライフタイム・バリュー（ＬＴＶ）です。**

## ライフタイム・バリューとその計算式

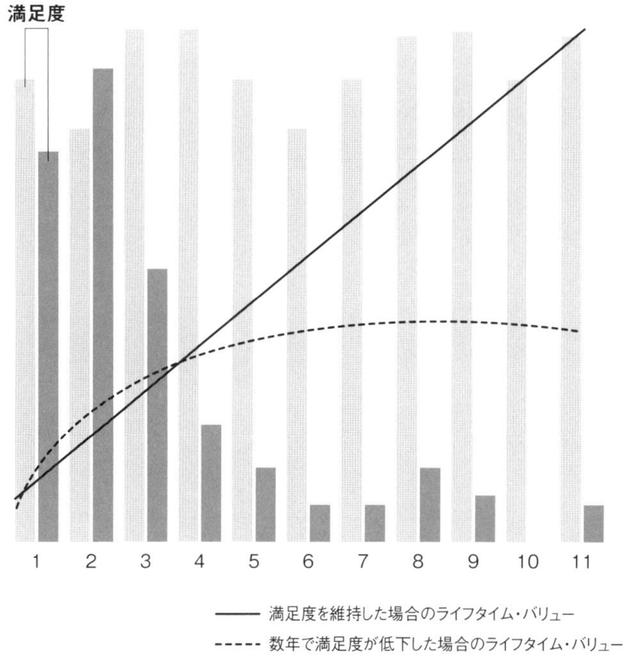

満足度
1
2
3
4
5
6
7
8
9
10
11
満足度を維持した場合のライフタイム・バリュー
数年で満足度が低下した場合のライフタイム・バリュー


**ライフタイム・バリュー（顧客生涯価値）**

**＝ 年間取引額 × 収益率 × 継続年数**

通常、高い満足度を維持し続けている顧客は、同じ商品やサービスを利用し続けます。十分に満足しているのであれば、簡単には他の商品やサービスに切り替えないでしょう。その結果、時間の経過とともに、そのひとりの顧客からの累積の売り上げが増大していきます。逆に、満足度が低くなると利用頻度が下がったり、利用しなくなるのでトータルの売り上げは減少します。この、ひとりの顧客が生涯を通じて特定の店舗や商品、サービスを利用し、支払う合計金額のことをライフタイム・バリューと呼び、それを最大化するという観点からさまざまなマーケティング施策を実行していくのです。**顧客満足を高めることで、ライフタイム・バリューを最大化することがマーケティングの重要課題なのです。**

ライフタイム・バリューを高めるためには、顧客との継続的な関係を築かなければなりません。そこには、顧客が企業に対してどの程度関心を持ち、また企業との関係をどのように捉えているのかが大きく影響してきます。

新規顧客は、企業や商品が気に入れば、リピーターとなり得意客になります。さらに関心が増せば、支持者になって、代弁者になってという具合にステージを上がっていきます。このような顧客と企業との関係をステージに分けて見ていくのが「顧客進化」です。**顧客との良好な関係作りにより、企業は売り上げや利益を維持、拡大し、成長していくことができるのです。**

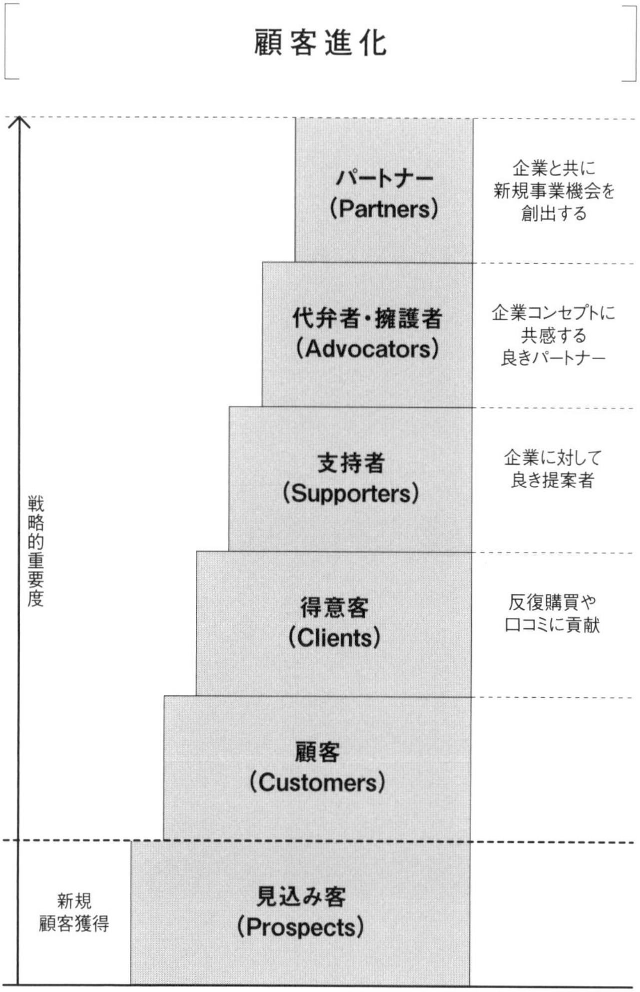
顧客進化
パートナー
(Partners)
企業と共に
新規事業機会を
創出する
代弁者・擁護者
(Advocators)
企業コンセプトに
共感する
良きパートナー
支持者
(Supporters)
企業に対して
良き提案者
得意客
(Clients)
反復購買や
口コミに貢献
顧客
(Customers)
見込み客
(Prospects)
新規
顧客獲得
戦略的重要度

(出典)『通勤大学MBA2　マーケティング』　グローバルタスクフォース著、
青井倫一監修、総合法令出版(通勤大学文庫)

# 02 顧客満足を構成する「本質機能」と「表層機能」

顧客満足のピラミッドという考え方では、顧客満足度を構成する要素は事前の期待によって2つのパターンに分かれるとされています。

ひとつは、本質機能で、顧客側は当然受けることができると考えている機能やサービスのことです。あらかじめそれらを知っており、その機能やサービスを受けることを当然だと考えています。顧客にとっては不可欠な機能なのです。これを過剰なまでに高めても、ほとんどの場合、顧客満足は高まりません。しかし、本質機能が一定の水準を満たさないと、顧客満足が一気に低下します。

もうひとつは、表層機能であり、顧客側が期待していない機能やサービスです。あらかじめ、その存在を知らないため、その機能やサービスを受け取ると、大きな喜びを感じるのです。

**顧客満足を高めるためには、本質機能を満たしたうえ、この表層機能の数を増やしたり、そのレベルを高めることが大切なのです。**

# 顧客満足度の構成要素とピラミッド

| 機能 | 顧客の期待 | 満たすと | 満たさないと | ポイント | 例(車) |
| --- | --- | --- | --- | --- | --- |
| 本質機能 | 当然受けると期待する機能。 | 不満足ではない(満足度が高まるわけではない)。 | 不満足になる。 | 少しでも欠けると満足度が一気に低下する。 | ・走る |
| 表層機能 | 当然と思わないが、あるとうれしい機能。 | 満足度が高まる。 | 満足でないだけ(不満足にはならない)。 | ひとつ満たすだけで満足度が高まる。 | ・ブランドイメージ<br>・走行性能<br>・快適性 |

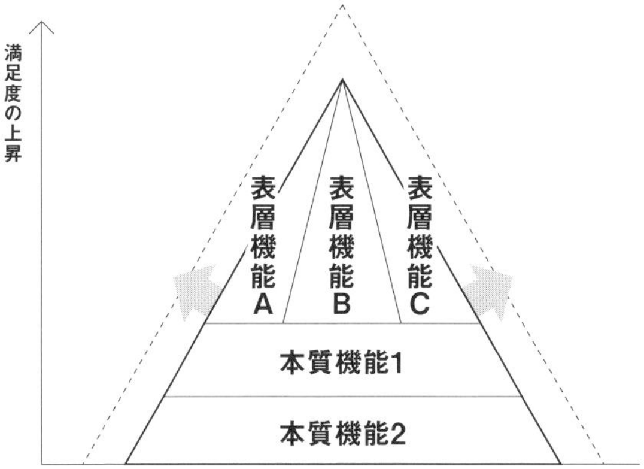
満足度の上昇
表層機能A
表層機能B
表層機能C
本質機能1
本質機能2

## 03 上位顧客を大切にする

全体構成の80％は上位の20％によって達成される可能性が高いという経験則が「80対20の法則」です。多様な分野であてはまることがわかっており、現在ではいろいろな場面で見かけます。「20－80の法則」「2：8の法則」「80－20のルール」など呼び方もさまざまです。

ビジネスの世界では、「売り上げ（利益）の80％は、上位20％のお客様によって作られる」というような経験則がよく語られます。顧客数や扱い商品の違いなどによって90対10、70対30というようなばらつきが生じますが、規模や顧客数が多くなればなるほど、この法則がよくあてはまります。

なお、この法則を売り上げにあてはめることによる「店の売り上げ（利益）の80％は、上位20％の品目によって作られる」という経験則もあります。

お店の売り上げの大半を作るのはヒット商品と優良顧客なのです。利用頻度や利用金額が高い上位のお客様との関係を続けていくことがライフタイム・バリューの最大化につながるのです。

# 80対20の法則

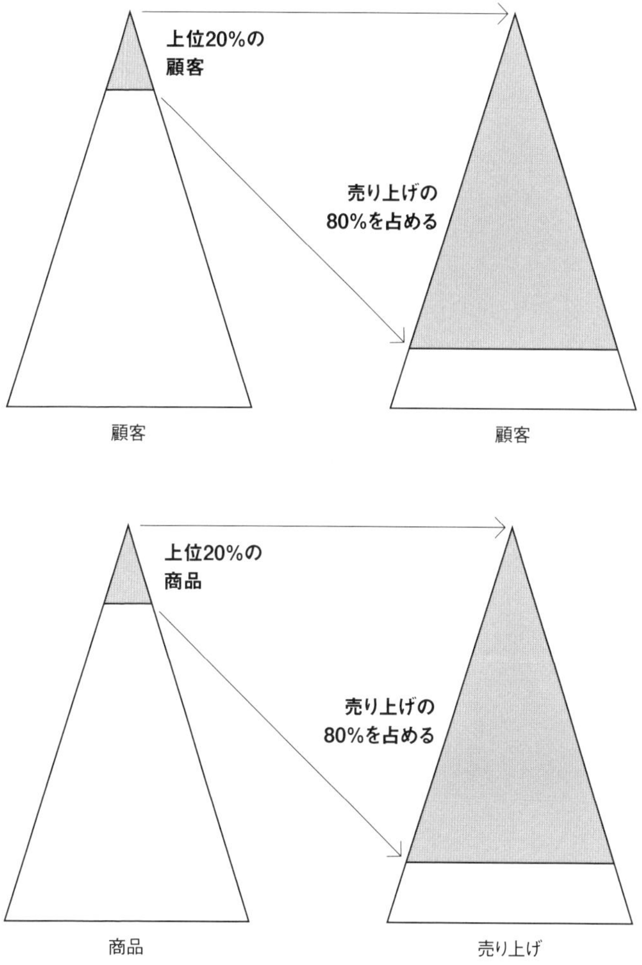
上位20%の
顧客
売り上げの
80%を占める
顧客
顧客
上位20%の
商品
売り上げの
80%を占める
商品
売り上げ

## 04

# 顧客満足はなぜ大切か

「80対20の法則」同様に、顧客満足の重要性を示す格言はいくつかあります。その中でも有名なのが「1対5の法則」と「5対25の法則」です。

「1対5の法則」は、新規顧客の獲得コストは既存顧客を維持するコストの5倍になるという経験則です。

たとえば、会員制サービスやリピート性のある商品を扱う業界において重要な法則としてよく知られています。既存顧客は、すでにその商品やサービスの利用経験があるため、DMやセールなどの比較的シンプルな販売促進策で再購入する可能性が高くなります。しかし一方の新規の顧客は、その商品やサービスを利用したことがないため、大幅な割引やサンプル商品の提供などを積極的な販売促進策が必要となり、既存顧客の5倍ものコストがかかるといわれているのです。

また、顧客の離反率を5%改善できれば、収益が最低でも25%改善するとの調査結果から導き出された「5対25の法則」も重要です。

こちらは、会員制度やリピート商材の会社などによくあてはまる法則です。既存顧客の離反を改善できれば、「1対5の法則」で示される新規顧客の獲得するコストだけでなく、1回あたりの取引にかかるコスト、販売管理コストなども削減されます。またプラスの口コミ効果も期待できるため、収益が大きく改善するのです。

このような顧客満足に関連する法則や、満足した顧客のリピートによる売り上げへの影響を知ることで、ライフタイム・バリューの最大化というマーケティングの重要課題へ道筋も見えてきたのではないでしょうか。ぜひ楽しみながらライフタイム・バリューの最大化に向けたさまざまな工夫に取り組んでみてください。

## 顧客満足に関連する法則一覧

| 法則名 | 概要 |
|---|---|
| **1対5の法則** | 新規顧客の獲得コストは既存顧客を維持するコストの5倍になるという経験則。会員制サービスやリピート性のある商品を扱う業界で特に重要。 |
| **5対25の法則** | 顧客の離反率を5%改善できれば、収益が最低でも25%改善するという調査結果から生まれた顧客維持の重要性を表す法則。 |

## 参考文献

●『コトラーのマーケティング・コンセプト』フィリップ・コトラー著、恩蔵直人、大川修二訳、東洋経済新報社
●『マーケティング・マネジメント』フィリップ・コトラー著、村田昭治監修、小坂恕、三村優美子、疋田聰訳、プレジデント社
●『マーケティング原理』フィリップ・コトラー、ゲイリー・アームストロング著、和田充夫訳、プレジデント社
●『新訂　競争の戦略』M・E・ポーター著、土岐坤、服部照夫、中辻万治訳、ダイヤモンド社
●『競争優位の戦略』M・E・ポーター著、土岐坤訳、ダイヤモンド社
●『戦略市場経営』D・A・アーカー、野中郁次郎、北洞忠宏、嶋口充輝、石井淳蔵訳、ダイヤモンド社
●『創造的模倣戦略』スティーヴン・P・シュナーズ、恩蔵直人、嶋村和恵、坂野友昭訳　有斐閣
●『マーケティング戦略』スティーヴン・P・シュナーズ、内田学監訳、山本洋介訳、PHP研究所
●『ゼミナール・マーケティング入門』石井淳蔵、嶋口充輝、栗木契、余田拓郎著、日本経済新聞

社
●『ブランド要素の戦略論理』恩蔵直人著、亀井昭宏編、早稲田大学出版部
●『改訂版　シンプルマーケティング』森行生著、ソフトバンククリエイティブ
●『経営用語の基礎知識』野村総合研究所編著、ダイヤモンド社
●『マーケターの仕事』小島史彦著、日本能率協会マネジメントセンター
●『60分間企業ダントツ化プロジェクト』神田昌典著、ダイヤモンド社
●『ＭＢＡのマーケティング』ダラス・マーフィー著、嶋口充輝、吉川明希訳、日本経済新聞社
●『もっと早く受けてみたかったマーケティングの授業』内田学監修、伊藤直哉著、ＰＨＰ研究所
●『通勤大学ＭＢＡ２　マーケティング』グローバルタスクフォース著、青井倫一監修、総合法令出版
●『マーケティングがわかる辞典』棚部得博著、日本実業出版社
●『世界一わかりやすいマーケティングの本』山下貴史著、イースト・プレス
●『心理マーケティングの技術』重田修治著、ＰＨＰ研究所
●ＩＶＣにおけるセミナー用ドキュメント等の各種資料やビジネス書籍
その他、各種インターネットサイト

# 索引 index

## 英数字



## あ



## か

【著者プロフィール】

## 安田貴志（やすだ　たかし）

理工学部卒業後、マーケティング・リサーチやコンサルティングなどの業務を経た後、総合通信販売の会社にてマーチャンダイジングアドバイザーやマーケティングマネージャーとして活躍。取扱商品のブランド化や、年間数億円の売上アップにつながる販売促進策を実現し、会社の成長に貢献。その後、インターネット通販の会社では、業容拡大のため業務改善や業務効率化などを担当した。
現在は、モノの価値を変える情報や、その情報を提供するインフラを構築するIVC に参画。さまざまなクライアントを対象にコンサルティングや新規事業開発に従事している。
得意分野は、現場に合わせたマーケティング戦略や PR 戦略の構築から、通信販売事業の立ち上げなど。また、マーケティングを現場で活用するためのセミナーや講演、執筆活動なども行う。
座右の銘は「行雲流水」。
著者に『はじめて学ぶマーケティングの本』日本能率協会マネジメントセンター等がある。

yasuda@intelligence-value.com

編集協力／㈱アクア
カバーイラスト・作画／重松延寿


マンガでやさしくわかるマーケティング

2014年3月30日　初版第1刷発行

著　者 ── 安田貴志



発行者 ── 長谷川 隆
発行所 ── 日本能率協会マネジメントセンター


〒105-8520 東京都港区東新橋1-9-2 汐留住友ビル24階
TEL 03(6253)8014(編集)／03(6253)8012(販売)
FAX 03(3572)3503(編集)／03(3572)3515(販売)
http://www.jmam.co.jp/


装丁／本文デザイン──ホリウチミホ（ニクスインク）
印刷所──広研印刷株式会社
製本所──株式会社宮本製本所





ISBN 978-4-8207-1894-9 C2034
落丁・乱丁はおとりかえします。
PRINTED IN JAPAN